Colección  **StuG3**

EL CAMINO A KRASNY BOR

La División Azul en el Frente de Leningrado, septiembre de 1942 - enero de 1943

CARLOS CABALLERO JURADO

GALLAND editorial BOOKS
www.gallandbooks.com

Título original: El camino a Krasny Bor
Primera edición: agosto 2024
ISBN: 978–84-19469-65-6
Depósito legal: DL VA 440-2024
Diseño y maquetación: Boca Multimedia
Tratamiento de imágenes: Paco M. Queipo
Imprime: Rudelgraf
Impreso en España

INTRODUCCIÓN

En el verano de 1942 todavía era razonable pensar que la *Wehrmacht* podría ganar la guerra. Sus vanguardias avanzaban hacia el Cáucaso, y se vislumbraba que tropas alemanas que cruzarían aquella gran cordillera podrían converger, en algún lugar del Próximo Oriente, con las vanguardias de Rommel, que parecían a punto de desfondar a los británicos en el Valle del Nilo. Los más optimistas defensores del Eje incluso soñaban con un germano avance hacia la India, sobre la que los japoneses avanzaban desde Oriente, a través de Birmania

Enero de 1943, el teniente de milicias, divisionario, Pablo Arredondo y Díez de Oñate, llegado al frente de Leningrado de visita con la comitiva de Falange encabezada por Carlos Ruiz García, confraterniza con el teniente Juan Manuel Jiménez Rivas, del Grupo de Antitanques.

Lejos ya de la euforia electrizante del verano de 1941, superado el bache moral que siguió al abandono de la Cabeza de Puente del Vóljov en diciembre de 1941, y madurada en los combates del primer semestre del año 1942, la División Azul española, que seguía presente en el durísimo Frente del Este, era ya una fuerza veterana, dotada de su propio espíritu de cuerpo, y con una moral muy alta.

En agosto de 1942, la División Azul fue extraída del sector del frente a orillas del río Vóljov, y situada en los arrabales al sur de Leningrado, ciudad que de acuerdo con los planes germanos debía ser asaltada ese mismo verano de 1942. Para esa operación de asalto se había asignado a la División Azul un papel estelar, en el centro del dispositivo de ataque. Pero cuando llegó desde Crimea para hacerse cargo del asalto proyectado el mariscal Erich von Manstein, que había expugnado la fortaleza de Sebastopol, decidió que sería necesario trasferir la unidad española al ala derecha del ataque, ya que situarla en medio de unidades germanas podría dar lugar a muchas situaciones de bajas «por fuego amigo», dada la tendencia de todos los soldados del mundo a disparar en combate contra cualquiera cuya lengua les suena extraña. Los soldados de la División Azul, que al llegar a la primera zona de acantonamiento al sur de Leningrado, contemplaron los gigantescos medios bélicos que estaban acumulando los alemanes, estaban eufóricos: sentían que iban a escribir una página de la historia. Todo el equipo que les faltaba tras la dura campaña invernal les fue entregado, y el poco tiempo que estuvieron en retaguardia se dedicó a practicar tácticas de asalto.

Pero en muy pocos meses la situación iba a dar un giro espectacular. El asalto a Leningrado / San Petersburgo nunca se materializó y en el conjunto del Frente del Este la balanza de la guerra se inclinó contra el Eje.

En el otoño de 1942–invierno de 1943, una gigantesca ofensiva soviética en el Volga y el Don, no solo cercó al 6º Ejército alemán y destruyó varios ejércitos de los aliados de Alemania (3.º y 4.º Ejércitos Rumanos, 8.º Ejército italiano, 2.º Ejército Húngaro), sino que estuvo a punto de embolsar a todo el Grupo de Ejércitos «A», que tan profundamente había penetrado hacia el Cáucaso.

En el frente africano, los germano-italianos no solo fueron contenidos en El Alamein, sino obligados a replegarse hacia Libia, mientras que tropas norteamericanas e inglesas desembarcaban en Marruecos y Argelia, constriñendo al Eje a defenderse en Túnez. Este último hecho, que quizás no era muy relevante para el conjunto del escenario estratégico, en cambio tenía la mayor significación para España. Las fuerzas armadas de los Aliados ahora estaban a sus puertas.

En el nuevo frente de Leningrado la lucha contra el tanque pasó a ser una prioridad de las unidades de primera línea de la División Azul (AGMAV).

Si en septiembre de 1942 la División Azul desplegó con vistas a participar en un asalto general a Leningrado, en febrero de 1943 le tocó encajar el más demoledor golpe que hasta entonces había sufrido, en la batalla de Krasny Bor.

Este ensayo narra, para el ámbito de la División Azul, esos cinco meses decisivos.

El día 1, de manera bastante inesperada, la División Azul recibió orden de abandonar las zonas de acantonamiento en torno a Vyriza, donde se había establecido tras llegar del frente del Vóljov, y estaba instruyéndose y reequipándose para el proyectado asalto a Leningrado, para dirigirse hacia el Norte, y entrar en la línea de cerco en torno a esa ciudad. Los Regimientos 263.º y 262.º se pusieron en marcha ese mismo día, y el 269.º, al día siguiente. Iban a ocupar las posiciones de los regimientos de la División 121.ª alemana, en la zona que iba desde Pushkin hasta el río Ishora (Tabla nº 1).

Tabla nº 1. **RELEVO INICIALMENTE PREVISTO EN EL FRENTE DE LENINGRADO**			
División 121.ª	407.º Rgto.	408.º Rgto.	405.º Rgto.
División Azul (División 250.ª)	263.º Rgto.	269.º Rgto.	262.º Rgto.
Fecha del relevo	5 septiembre	6 septiembre	7 septiembre

El segundo invierno en el frente ruso la intendencia de la *Wehrmacht* proveyó de equipo adecuado a sus tropas.

La razón de la urgencia en el relevo se debía a que los alemanes tenían que mandar a toda prisa a la 121.ª División al «Corredor de la Muerte», para que contribuyera a repeler una poderosa ofensiva soviética. Con ese significativo nombre se conocía la franja, no muy ancha, por la que la *Wehrmacht* alcanzaba la ribera sur del Lago Ladoga. El Ejército Rojo, sabedor de que los alemanes proyectaban asaltar Leningrado, lanzó un masivo ataque al sur del Ladoga, para acabar con ese «Corredor de la Muerte» y abrir un pasillo de comunicación entre la ciudad cercada y el resto de Rusia. No lo logró por muy poco, pero el resultado fue que las tropas alemanas amasadas para su proyectado asalto a la ciudad del Neva tuvieron que ser enviadas al sur del Ladoga, y también marcharon hacia allí alguna de las unidades que ya estaban cubriendo el frente de asedio, como la recién citada 121.ª División.

Dado el tamaño del sector a ocupar inicialmente previsto en las líneas de asedio en los arrabales de Leningrado (17 km) cada regimiento español podría desplegar con dos batallones en línea y uno en reserva, manteniendo bajo control directo del mando divisionario al Batallón de Reserva 250.º y el Grupo de Exploración 250.º: un despliegue «ortodoxo» que permitía mantener en reserva importantes fuerzas de combate. Un despliegue de esos que se enseñan como los correctos en las Escuelas de Guerra de todo el mundo. Seis batallones en primera línea, tres en segunda línea y dos en tercera línea.

Cañón de 105 mm del III Grupo de Artillería de la División Azul.

Sobre la marcha, estando el relevo ya en proceso de ejecución, el mando alemán decidió que por parte española se relevara también a las tropas alemanas situadas entre el río Ishora y el ferrocarril Leningrado-Moscú, en Krasny Bor, lo que suponían 7 km adicionales, que se ocuparon el mismo día 7. Se trataba de sustituir a efectivos de la 4.ª División SS-Policía, que había estado padeciendo duros ataques en aquel escenario. Desde el 23 de julio hasta el 7 de agosto los aguantó en la zona de Krasny Bor. Y entre el 16 de agosto y el 4 de septiembre en la zona de la desembocadura del Tosna. Esta extensión hacia el Este, inesperada para los españoles, acabó con la posibilidad de un despliegue «ortodoxo», ya que guarnecer esta ampliación absorbió las reservas del Regimiento 262º y la mitad de las divisionarias. Ahora el despliegue era de ocho batallones en las trincheras y tres en el primer y único escalón de reservas.

El día 8 la División Azul se hacía cargo oficialmente de todo su nuevo sector. Los españoles ocupaban ahora una zona donde existían varias poblaciones que contenían palacios de la época zarista, y que habían recibido nuevos topónimos. En Pushkin (antes Tsarkoie Selo) se encontraba el palacio de la zarina Catalina II. En Slutsk (antes Pavlovsk), el del zar Pablo I. Además de los palacios de los zares, existían numerosas construcciones palaciegas de la nobleza.

Para la ubicación de cuarteles generales, la artillería y las unidades de servicios se señaló a los españoles que ocuparan los lugares donde habían desplegado los equivalentes de la 121.ª División, como en efecto se hizo. Esto no dejaría de causar problemas, ya que el nuevo sector añadido, el de Krasny Bor, quedaba en situación excéntrica respecto a estas ubicaciones. La comunicación directa entre la zona de Krasny Bor y la Pushkin-Slutsk existía, pero era por una carretera situada a espaldas de las líneas enemigas. Por la zona propia, en cambio, las comunicaciones con el sector de Krasny Bor eran deficientes y obligaban a un amplio rodeo si se usaban carreteras convencionales, o a transitar por un «camino de rollizos» (realizado con troncos de árbol) si se quería usar uno más directo.

Los cuatro sectores constituidos pasarían a ser bautizados con el nombre de la principal población de la zona, o bien con el del comandante del sector. La Tabla nº 2 resume los datos.

Tabla nº 2. DESPLIEGUE INICIAL DE LAS UNIDADES DE LA DIVISIÓN AZUL CON ENTIDAD DE BATALLÓN EN EL FRENTE DE LENINGRADO, SEPTIEMBRE 1942								
	Ala occidental				**Ala oriental**			
Sector	Pushkin		Slutsk/Pavlovsk		Federovskoye		Krasny Bor	
Jefe	Coronel Villalba		Coronel Rubio		Coronel Sagrado		Teniente coronel Robles	
En 1ª línea (de Oeste a Este)	I/ 263.º	III/ 263.º	III/ 269.º	I/ 269.º	II/ 262.º	I/ 262.º	Reserva 250º	III/ 262.º
En reserva	II/263.º		II/269.º (1)		Grupo Exploración 250.º, Compañía Esquiadores 250.ª			
Grupos ligeros de Artillería	III/250.º		II/250.º		I/250.º			
Grupo pesado de Artillería	IV/250.º (2)							
Defensa antitanque (primera línea)	Compañía 14.ª/263.º y parte de la Compañía 1.ª/ Grupo Antitanque 250.º		Compañía 14.ª/269.º		Compañía 14.ª/262.º		Compañía 2.ª/ Grupo Antitanque 250.º	
Defensa antitanque (reserva)	Resto del Grupo Antitanque 250.º							
Pendiente de incorporación desde el sector de Novgorod								
Para acción de conjunto sobre todo el sector español.								

Artillería y antitanques

La guerra en los arrabales de Leningrado iba a resultar muy distinta a la librada a las orillas del Vóljov. En el nuevo sector los duelos de artillería eran la forma principal de lucha y la amenaza de acciones a gran escala con medios acorazados, una posibilidad muy real.

La artillería española ocupó inicialmente las mismas posiciones que la de la División 121.ª, lo que dejaba poco protegido el sector más oriental (hasta que se encontraron nuevas ubicaciones para la artillería española). El problema no era demasiado grave ya que aquí, a diferencia de lo que había ocurrido en el frente del Vóljov, había una densa concentración de unidades artilleras alemanas desplegadas a lo largo de todo el frente, que podían cubrir a los españoles del ala oriental con su fuego.

En cuanto a la defensa antitanque, aquí tendría una importancia mucho mayor, ya que los soviéticos disponían en Leningrado de importantes medios acorazados (la sitiada ciudad incluso los producía).

La División Azul no solo heredó las posiciones de la División 121.ª, sino algunas armas que estaban asignadas de manera permanente al sector (la práctica era que se las quedaba la unidad que lo ocupara en cada momento). Estas incluían tres piezas de botín de guerra francesas de 155 mm (como las que habían dotado

durante algunos meses las Baterías 13.ª y 14.ª españolas; después esas baterías, más la nueva 15ª fueron convertidas en fuerzas de infantería y fueron oficialmente disueltas a fines de agosto con el cambio de frente). Y otras tres piezas del mismo origen, pero de 220 mm.

Las primeras formaban una batería, para la que se mantendría el nombre que ya ostentaba cuando los alemanes empleaban sus piezas: Batería «Hessen», que ahora con personal español actuaría en el marco del IV Grupo artillero de la División Azul. Las piezas de 220 estaban desplegadas individualmente y se asignaron a los grupos españoles de la zona donde estuvieran ubicadas. Con capacidad para disparar hasta dos veces por minuto un proyectil de 100 kg de peso, que llegaba a 10'8 km de distancia, serían las piezas más poderosas empleadas por los españoles en Rusia. En todo caso, estas piezas de 155 y 220 mm carecían de todo medio de arrastre, por lo que estaban ancladas a posiciones fijas.

La defensa antitanque, que hasta entonces reposaba únicamente en los cañones de 37 mm, de muy escasa potencia, y nula efectividad contra los carros enemigos, se fortaleció con la cesión por la unidad precedente de piezas de botín de guerra ruso: seis cañones de 76'2 y cuatro de 45 mm. Mientras los primeros se repartieron equitativamente entre las tres compañías antitanques regimentales, las de 45 mm fueron a parar todas a la Compañía Antitanque Regimental 14.ª/263.º, que se convirtió en la unidad antitanque más potente de la División Azul. Estos refuerzos de material antitanque le permitirían a la División Azul, en resumen, reorganizar sus medios y dotar mejor a su Grupo Antitanque Divisionario.

Un momento de descanso de tropas españolas en busca de su nuevo emplazamiento.

Durante los primeros días de estancia en el nuevo frente, el mando español anduvo algo desconcertado con cambios de encuadramiento. De manera muy rápida, los españoles pasaron de depender del LIV Cuerpo al L Cuerpo, y de este pasaron de nuevo al LIV (general Erik Oskar Hansen), que sería en el que finalmente quedaran encuadrados. A un nivel superior, se pasó de depender del 18.º Ejército al 11.º Ejército, mandado por Von Manstein. Este cuartel general de Ejército había llegado desde Crimea con el propósito concreto de ejecutar el asalto a Leningrado.

Pero lo que resultó más desconcertante fue la tardanza de la División 121.ª en abandonar los espacios ocupados por sus unidades de servicios (hospital, unidades de panificación y carnización, etc.), que impidió que los homólogos españoles llegaran a estar plenamente operativos hasta finales de mes. Los españoles lo atribuyeron a una «querencia» de los alemanes por sus anteriores acuartelamientos, aunque en realidad sabemos que se debía a que Von Manstein preveía el rápido regreso de esa divi-

Panorámica del palacio del zar Pablo I en el sector ocupado por la División Azul.

sión a su sector original, una vez se detuviera a los soviéticos al sur del Ladoga.

Las trincheras heredadas por los españoles les sorprendieron por razones contrapuestas: los búnkeres de alojamiento eran sorprendentemente cómodos, bien construidos y en muchos casos contaban hasta con luz eléctrica; en cambio las obras defensivas propiamente dichas no eran de gran solidez. El ejército alemán detestaba tradicionalmente la defensiva y no ponía gran empeño en la fortificación: para detener eventuales ataques enemigos confiaba más en la defensa elástica y la maniobra que en la construcción de fortificaciones.

La forma de lucha en el nuevo frente tenía poco que ver con lo experimentado en el Vóljov. Ahora era una genuina guerra de trincheras. Las líneas propias y enemigas formaban una línea continua y además estaban a poca distancia entre sí. El intercambio de fuego mediante fusiles, pero especialmente ametralladoras y morteros, y también cañones antitanques que disparaban contra posiciones fortificadas, era diario. Aquí los españoles se encontraron con el problema de que mientras que los soviéticos disponían a nivel regimental de eficaces morteros, ellos debían contar con los obsoletos cañones de infantería alemanes de 75 mm, encuadrados en las Compañías 13.ª de cada regimiento. Significativamente, entre las primeras instrucciones que se recibieron del Cuerpo de Ejército

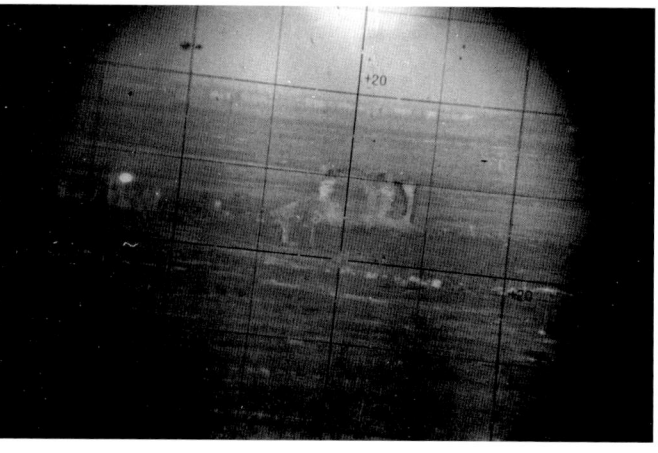

Vistas del frente de Leningrado desde uno de los observatorios del II Grupo de Artillería de la División Azul.

Una columna de la División Azul dirigiéndose hacia el frente en el sector de Pushkin.

estuvo la de que se tratara de economizar con la munición de los morteros de 80 mm (encuadrados en las compañías pesadas de los batallones) y los cañones de 75 mm (regimentales), de las que se hacía gran consumo.

Casi cada noche, patrullas propias y enemigas (con entidad de pelotón) salían a recorrer la vanguardia de sus posiciones, para comprobar que el enemigo no hubiera cortado las alambradas, ni hubiera levantado las minas propias e instalado las suyas. No era raro que estas patrullas chocaran accidentalmente con las enemigas, y a veces ese choque era deliberado, tendiendo emboscadas al adversario.

De noche, pero también de día, con frecuencia se realizaban «reconocimientos ofensivos», generalmente empleando fuerzas de nivel sección, atacando posiciones enemigas para provocar que usara de manera masiva sus armas, que quedaban así localizadas y pasaban a ser batidas a continuación por la artillería.

Más de tarde en tarde, se organizaban golpes de mano propiamente dichos. Unidades con entidad compañía o superior, apoyados por artillería, cañones antitanque, etc., generalmente de día, atacaban con gran virulencia puntos sensibles del despliegue enemigo, para dañarlo.

Actividad soviética en el sector de la División Azul.
Septiembre de 1942

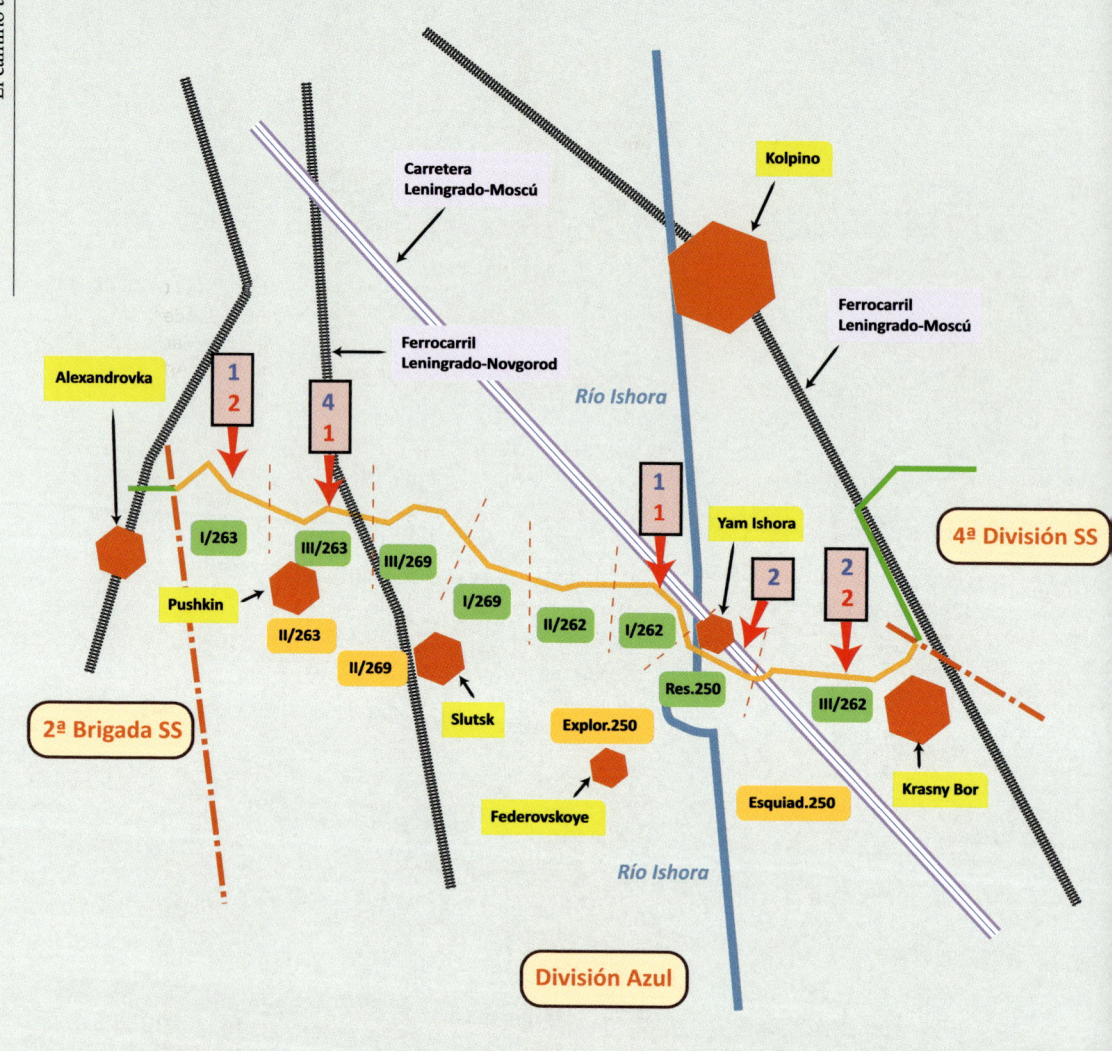

Kolpino

Carretera
Leningrado-Moscú

Ferrocarril
Leningrado-Moscú

Ferrocarril
Leningrado-Novgorod

Río Ishora

Alexandrovka

1 2

4 1

1 1

Yam Ishora

2

2 2

4ª División SS

I/263

III/263

III/269

I/269

II/262

I/262

Pushkin

II/263

II/269

Slutsk

Explor.250

Res.250

III/262

2ª Brigada SS

Federovskoye

Esquiad.250

Krasny Bor

Río Ishora

División Azul

Actividad enemiga
Nº de reconocimientos ofensivos
Nº de golpes de mano

Unidades en la línea de contacto

Unidades en reserva

—·—·— Límite sector divisionario
——— Posiciones españolas
——— Posiciones alemanas

▨▨▨ Ferrocarril
══ Carretera
—— Río

Palacio de Catalina La Grande donde se ubicó el Puesto de Mando del Regimiento de Artillería de la División Azul.

La primera acción enemiga contra los españoles se produjo el día 7, contra el Batallón III/263.º, que apenas llevaba unas horas en sus posiciones. El día 13 el enemigo hizo una fuerte preparación con artillería de campaña en toda la línea española (427 disparos), repetida el día 14 (415) y que alcanzó su apogeo el día 15 (914 disparos), actividad artillera que coincidió con fuertes golpes de mano contra el Batallón I/262.º y el Batallón III/262.º (el 14) y el Batallón III/263.º (el 15). La situación más peligrosa se dio el día 14 en el Batallón III/262.º, donde el enemigo llegó a entrar en las trincheras españolas antes de ser repelido. Además, el golpe se repitió dos días después. Esta misma estructura de ataque se repitió contra el Batallón I/263.º a finales de mes, con dos golpes de mano casi sucesivos.

Las conclusiones a sacar eran evidentes: los soviéticos estaban muy interesados en los sectores de Pushkin y Krasny Bor. El primero lo tenían perfectamente catalogado como inevitable base de partida alemana para cualquier ataque a gran escala contra Leningrado. En Krasny Bor se trataba de ir arrancando a la *Wehrmacht* aunque fuera tan solo unos metros de la carretera y el ferrocarril Leningrado-Moscú. Seguir esos dos ejes de comunicaciones era la mejor forma de establecer un sólido contacto con el resto de Rusia, así que los soviéticos literalmente peleaban por cada palmo en esa

Comedor de circunstancias de la División Azul en el interior del Palacio de Catalina La Grande.

dirección y de ahí que las líneas del frente en el sur de Leningrado aquí dibujaran una llamativa penetración soviética.

Los españoles, a la espera de recibir la orden de ataque general, reservaron sus fuerzas, y salvo algunos pequeños reconocimientos ofensivos, no realizaron ataques propios. Finalmente, los mandos alemanes dieron a entender a los españoles que mientras no solucionaran su problema en el corredor del Ladoga, no cabía esperar el inicio de la ofensiva propia. Que la situación estaba cambiando resultó evidente cuando el día 22 los alemanes ordenaron a los españoles que se dispusieran a organizar golpes de mano contra el enemigo, y aún más el día 29, cuando la orden recibida fue la de organizar una segunda línea defensiva en el sector español. El resumen de la actividad lo tenemos en la Tabla n° 3.

Las tumbas del jefe del IV Grupo de Artillería, y de su ayudante, muertos a causa de un bombardeo enemigo: el comandante Felipe Maroto Hernández y el teniente Esteban Heredero Valverde.

Tabla nº 3. **ACTIVIDAD OFENSIVA ENEMIGA SOBRE LOS BATALLONES DE PRIMERA LÍNEA ESPAÑOLES, SEPTIEMBRE DE 1942** (se expresan los días del mes en que se registraron)								
Unidades en primera línea	I/ 263.º	III/ 263.º	III/ 269.º	I/ 269.º	II/ 262.º	I/ 262.º	Reserva 250.º	III/ 262.º
Reconocimientos ofensivos enemigos	19	7, 14, 20, 21				11	19, 24	
Golpes de mano enemigos	27, 29	15				14		14, 16
Choques de patrullas	23, 24				13			

Lo más peligroso parecía ser el fuego artillero enemigo. El último día del mes un impacto enemigo acabó con la vida del jefe del IV Grupo Artillero español, comandante Felipe Maroto, y dos de los oficiales de su Plana Mayor. La precisión del fuego enemigo era envidiable, a lo que contribuía el que casi a diario los soviéticos elevaran sobre Kolpino globos cautivos de observación, así como la información que les hiciera llegar su servicio de inteligencia por la acción de agentes camuflados entre la población civil rusa de la zona. Para controlar a esta, en el sector que ahora era español, los alemanes tenían desplegado un Batallón de Policía, el 305.º, con cuartel en Pushkin, que por algún tiempo estuvo subordinado al Cuartel General español.

Un dato que interesó mucho a los españoles fue el número de desertores que se pasaban a sus líneas. En el sector del Vóljov, a partir de enero de 1942, esa cifra se había estabilizado entre 10 y 15 al mes. Ahora, en cambio, creció muy llamativamente. Por citar algunos ejemplos, 5 soldados enemigos se pasaron el día 23, otros 5 el día 25, 4 el día 26, 4 el día 27, 3 el día 28… En la medida en que el enemigo estuviera desmoralizado, las posibilidades de éxito de un ataque propio eran mayores. Muchos soldados soviéticos sospechaban un inminente asalto alemán sobre Leningrado, y los que no deseaban defender el régimen comunista, preferían desertar antes de que esa ofensiva se lanzase.

El Cuartel General y las unidades de servicios españolas se acabaron estableciendo a lo largo de la carretera secundaria que desde Slutsk se diri-

Un centinela en el Cuartel General de la División Azul en Prokovskaia.

gía a enlazar con la carretera principal entre Pushkin y Krasnogardeisk (ciudad que pronto iba a ser rebautizada por los españoles como «Carlos Gardel», y a la que también se conocía con su nombre del periodo zarista: Gatschina, hoy felizmente recuperado), con el Puesto de Mando divisionario en Prokovskaia, los depósitos de municiones, armas y equipos en Antropschino, y las unidades de intendencia, el hospital de campaña, la compañía veterinaria y las unidades de transporte motorizadas en Mestelevo. Las columnas hipomóviles, virtualmente desactivadas una vez quedó claro que la División pasaba a un despliegue puramente estático, quedaron acantonadas en Annolovo, con buenos establos para sus caballos.

Por lo demás, la División Azul continuó renovándose. A lo largo del mes llegaron dos nuevos Batallones de Marcha (14.º y 15.º), que habían salido de España en agosto y partió hacia la Patria el 7.º Batallón de Repatriación.

LAS UNIDADES VECINAS

La División Azul quedó flanqueada por dos unidades de la *Waffen SS*. A su derecha desplegaba la 4.ª División SS-Policía, que tenía este nombre porque sus miembros habían sido reclutados entre los distintos cuerpos de la policía alemana. A diferencia de las demás unidades de la *Waffen SS* existentes por esta época, motorizadas, esta era una unidad hipomóvil, análoga en todo a las divisiones de infantería del ejército, salvo alguna peculiaridad organizativa, como la de contar con un grupo propio de cañones antiaéreos. Con todo, estaba poseída del «espíritu de cuerpo» típico de las tropas de la *Waffen SS*, y era una sólida y muy combativa unidad.

A la izquierda de los españoles, desplegaba una unidad mucho más llamativa, la 2.ª Brigada SS de Infantería. En aquellas fechas incluía en su seno a las Legiones Nacionales de Voluntarios anticomunistas del Flandes belga, de Noruega y de Holanda, así como a batallones letones y estonios (estos últimos destacados en misión de vigilancia costera). Los letones y estonios habían sido reclutados como batallones de policía para luchar contra los partisanos comunistas, pero dada su combatividad se les había enviado al frente. También incluía la 2.ª Brigada algún batallón de policías alemanes, ya que —aparte de la antes citada 4ª División SS— la policía alemana había organizado batallones de combate que se usaban en misiones de seguridad o —si era preciso— en el frente. Como la 2ª Brigada SS no contaba con artillería ni grupo antitanque propio, se les agregaron unidades del ejército alemán de esas especialidades. Para los españoles resultaba muy satisfactorio tener a su lado a los voluntarios europeos de distintas naciones, ya que así veían ratificada su idea de estar tomando parte en una cruzada anticomunista europea.

Aunque la unidad más importante de la 2.ª Brigada SS era la Legión Holandesa, por el hecho de que con quienes más habían intimado en el Vóljov era con los flamencos, los españoles se referían sistemáticamente a la unidad vecina como «la brigada flamenca» (aun siendo los flamencos tan solo uno de sus batallones, como queda señalado). Los largos meses de convivencia entre holandeses y flamencos con los españoles (hubo menos trato con los noruegos) dieron pie a que estos hicieran confidencias a los españoles: les envidiaban, ya que su unidad era puramente nacional, mientras que en la Legión Flamenca y en la Holandesa había oficiales y suboficiales alemanes, que no sabían tratar adecuadamente a los voluntarios de ambos países, y parecían empeñados en convertirlos en prusianos.

OCTUBRE DE 1942

El 2, el mariscal Von Manstein, en una orden del día para su 11º Ejército (al que pertenecía en ese momento la División Azul), comunicó oficialmente que la ofensiva soviética al sur del Ladoga podía darse por derrotada. Lo que no se decía en ella, sin embargo, era que las bajas alemanas habían sido tan elevadas como para dejar demasiado debilitadas a las fuerzas que debían realizar el asalto a Leningrado. La posibilidad de ejecutar esa operación, sin embargo, se mantenía.

El día 13 Von Manstein visitó el cuartel general español para conferenciar con los mandos de la División Azul. La impresión que estos sacaron de esa entrevista fue que el ataque se lanzaría en cuanto hubiese un momento psicológico favorable como, por ejemplo, cuando se pudiera comunicar oficialmente la conquista total de Stalingrado. Incluso si el invierno hubiera comenzado, se daría la citada orden de ataque, pensaron los españoles.

En todo caso las instrucciones que recibió el mando de la División Azul eran relativamente esperanzadoras: se le pidió que mejorara la red de caminos en su sector, para permitir el rápido movimiento de tropas y de ciertos equipos pesados, como los carros de combate *Panzer* VI «Tiger». Aún más, dentro de su sector tuvieron que preparar asentamientos para que 36 baterías de campaña (la dotación artillera de tres divisiones al completo) pudieran entrar rápidamente en posición. El 27, por citar otro ejemplo, oficiales españoles y del resto del Cuerpo de Ejército, fueron invitados a contemplar un ejercicio táctico de una unidad de *Nebelwerfer*, los lanzacohetes alemanes, unos ingenios menos famosos que los equivalentes «Órganos de Stalin», aunque en realidad fueran más eficaces. Este tipo de armas eran fundamentales a la hora de romper las líneas enemigas.

La llegada del invierno se retrasó con respecto al año anterior y solo a finales de mes empezaron a registrarse ligeras nevadas, sin

El general Erich von Manstein, jefe del operativo alemán de asalto de Leningrado en el que estuvo encuadrada la División Azul.

que las temperaturas cayeran en picado. Pero a diferencia de lo ocurrido el año anterior, ahora todo parecía estar previsto. Ya en agosto los españoles habían recibido un manual titulado *Libro de Bolsillo para la Campaña de Invierno*, que era la versión en español de un texto alemán. En él se habían recopilado todas las experiencias del invierno anterior, ofreciendo soluciones para superar todos los problemas, e incluso para explotar las posibilidades del combate invernal. El que los alemanes se hubieran molestado en hacer una edición específica para los españoles era una muestra más del respeto que les merecía la División Azul.

Una sorpresa aún más agradable fue la recepción, el día 11, de 26 vagones de tren completamente cargados con los nuevos uniformes de invierno diseñados por la *Wehrmacht*. Muy cálidos, confortables, realizados en tejido mimetizado reversible, eran un auténtico lujo y superaban en calidad y prestaciones a los equipos invernales soviéticos, que los españoles y los alemanes habían mirado con tanta envidia el invierno anterior. Otra precaución que se pudo tomar con la debida antelación fue la de acondicionar buenas cuadras para los caballos de las distintas unidades, ubicadas relativamente a retaguardia y acondicionadas para el invierno.

El teniente de ingenieros José Calatrava Jiménez, oficial en la recién constituida Compañía de Zapadores-Esquiadores (Archivo familia Calatrava Jiménez).

También fue una novedad la organización de una cuarta compañía en el Batallón de Zapadores 250.°, la de Zapadores-Esquiadores. Puesto que los zapadores eran los que disponían en su arsenal de potentes minas antitanque y esos medios eran los más efectivos de entre los que contaba la División Azul para repeler un ataque de blindados, ya que los cañones de 37 mm eran de escasa por no decir nula eficacia con ese fin, la función prevista para esta compañía eventual era la de acudir con velocidad a un sector en peligro para disponer en él campos de minas antitanque. Algunos cañones de 37 mm, ademas, fuero preparados para ser montados sobre trineos apropiados para su rápido traslado. Y en las 15ª compañías de cada Regimiento, elementos de las secciones de zapadores de asalto y de exploración fueron también reconvertidas de cara al invierno en pequeñas unidades de esquiadores, para asegurar su movilidad.

CURSOS Y ACADEMIAS

La relativa inactividad en que vivió este mes la División Azul fue aprovechada para organizar en todas sus unidades cursos para mejorar el nivel de conocimientos de los suboficiales españoles. A diferencia de lo que ocurría en la *Wehrmacht*, donde los suboficiales constituían la columna vertebral de las unidades, en el ejército español su figura estaba infravalorada y su nivel de formación profesional era comparativamente bajo.

Durante toda su existencia, y siguiendo una práctica habitual en todas las formaciones militares, la División Azul mantuvo una constante

actividad «académica», para mejorar el rendimiento de sus hombres. Ya en el frente del Vóljov, se había creado una «Escuela de Radio», organizada por la Jefatura de Transmisiones divisionaria, para formar a los operadores de estos equipos destinados en las distintas unidades (no solo en el Grupo de Transmisiones), en especial en el uso del código Morse. Mientras la unidad estuvo en el Vóljov la escuela se ubicó en Staraia Rakoma. En el frente de Leningrado lo hizo en Kobrino, aldea muy alejada del frente, ya que se quería evitar que se echara mano de aquellos hombres para otras tareas. Debían concentrase en su formación.

La atención al ganado por parte de los oficiales veterinarios españoles era considerada del mejor nivel, no así el trato que le dispensaba la tropa. Para corregir su defectuosa formación se impartieron varios cursos para los suboficiales encargados de la tarea.

Otros muchos cursos se organizaban en función de las necesidades que aparecían en

cada momento. Por ejemplo, al entrar en línea en Leningrado se hizo evidente la importancia de mejorar la fortificación, y un curso con ese fin se impartió en agosto de 1942. Al mes siguiente, el personal del Batallón de Zapadores impartió un curso para personal de todos los batallones de infantería explicándoles las técnicas de asalto a fortificaciones usadas por los zapadores de asalto. En este mismo frente se realizó, en enero de 1943, un curso para instruir a oficiales y suboficiales en la defensa contra un ataque mediante gases, una posibilidad que se temió mucho. Después de que la batalla de Krasny Bor evidenciara lo demoledor que podía llegar a ser un ataque enemigo apoyado de forma masiva con carros de combate, se impartieron cursos específicos para difundir las diversas tácticas para luchar contra los carros sin los medios antitanques habituales.

Estos son solo algunos ejemplos de cómo la División Azul realizaba un constante esfuerzo por mantener al máximo nivel su operatividad.

El principal motivo de satisfacción para los españoles era ver que sus plantillas estaban muy bien cubiertas (Ver Tabla nº 4). A lo largo de octubre llegaron a Rusia los Batallones de Marcha 16º (había salido de España a finales de septiembre) y 17º (que cruzó la frontera a principios de octubre). El 16º fue motivo de un gran susto, ya que el convoy ferroviario que lo transportaba sufrió un muy efectivo ataque aéreo enemigo; por fortuna para los españoles, los vagones alcanzados transportaban efectivos alemanes y los españoles sufrieron solo unas poquísimas bajas y ninguna mortal. En cambio, la organización de un nuevo Batallón de Repatriación se demoró, a fin de que si se lanzaba la ofensiva prevista, la División Azul se encontrara al máximo de su fuerza.

Tabla nº 4. **Efectivos humanos de la División Azul en el frente, 28 de octubre de 1942**			
Cuartel General	402	Regimiento de Granaderos 262.º	2.356
Regimiento de Granaderos 263.º	2.620	Regimiento de Granaderos 269.º	2.491
Regimiento de Artillería 250.º	2.451	Batallón de Reserva 250.º	575
Grupo de Exploración 250.º	376	Compañía de Esquiadores 250.ª	142
Batallón de Zapadores 250.º	695	Grupo Antitanque 250.º	574
Grupo de Transmisiones 250.º	487	Grupo de Sanidad 250.º	425
Grupo de Intendencia 250.º	389	Grupo de Transportes 250.º (elementos motorizados)	238
Grupo de Transportes 250.º (elementos hipomóviles)	138	Compañía Veterinaria 250.ª	196
Compañía de Depósito	60	Destacamento de Farmacia	11
Batallones de Marcha cuyos efectivos aún no había sido distribuidos entre las unidades de combate			
16.º Batallón de Marcha	843	17.º Batallón de Marcha	874
Resumen de los efectivos presentes en el sector de despliegue			
Total de efectivos integrados en unidades orgánicas			14.626
Efectivos pendientes de distribución entre las unidades			1.717
Efectivos previstos para formar parte del siguiente Batallón de Repatriación, en fase de organización			1.139
Nota. Los Regimientos de Infantería habían sido rebautizados como Regimientos de Granaderos siguiendo órdenes alemanas.			

Ninguna división alemana del Grupo de Ejércitos Norte tenía un nivel de efectivos comparable al de la División Azul. Al número de hombres presentes en Rusia había que añadir los que se encontraban en la retaguardia hospitalizados, y los que prestaban servicio en las distintas dependencias de la Jefatura de Servicios de Retaguardia.

La actividad bélica del mes fue más moderada que la de septiembre. El mes anterior los soviéticos habían presionado sobre las líneas españolas con el objetivo de que la *Wehrmacht* no retirara más efectivos con destino al «Corredor de la Muerte», el ya comentado significativo nombre que se le daba a la franja de terreno por la que los alemanes alcanzaban la ribera sur del Ladoga, escenario de la ofensiva soviética que se acaba de comentar, que había ocasionado que su nombre fuera especialmente merecido.

Virtualmente acabada esa batalla, para los soviéticos ya no era necesario que realizaran tanta presión, y no solo no lanzaron tantos ataques de infantería, sino que además sus acciones de bombardeo artillero sobre el sector español disminuyeron. En cambio, los españoles, cumpliendo las órdenes recibidas a finales del mes anterior, multiplicaron sus acciones sobre las líneas enemigas, generalmente en forma de reconocimientos ofensivos. A menudo eran realizados por unidades de los batallones desplegados en primera línea, pero varios de ellos fueron realizados por las secciones de zapadores de asalto integradas en la 15.ª Compañía de cada regimiento de infantería, una fuerza que normalmente era mantenida en reserva, alejada de las trincheras.

En el frente de Leningrado la crudeza del invierno se hizo esperar más que en el frente del Vóljov.

La actividad ofensiva propia y enemiga fue especialmente intensa en el sector cubierto por el Regimiento de Granaderos 263.º, especialmente en el segmento oriental, en el punto denominado «Vías del Ferrocarril», por donde la línea férrea Leningrado-Nóvgorod entraba en zona soviética; esta misma actividad, propia y enemiga, se extendió al sector del vecino Batallón III/269.º. También fue elevada la actividad en el segmento occidental del sector de Pushkin, en el lugar bautizado como «El Alcázar», un peligroso entrante de las líneas españolas en el dispositivo soviético, contra el que los soviéticos lanzaron un potente golpe de mano el día 20.

Vista invernal desde el palacio del zar Pablo I, sede de la Plana Mayor del Regimiento 269 de la División Azul.

Como ya había ocurrido con el enclave bautizado «El Alcázar» en la Isla del Vóljov, este nuevo «Alcázar» iba a convertirse en una pesadilla durante meses para los españoles que debían guarnecerlo.

Pero la gran acción armada de este mes se produjo en el extremo opuesto de la línea española, contra el Batallón III/262.º. Tras operaciones de tanteo los días 7 y 11, el día 12 de octubre se lanzó un fuerte golpe de mano enemigo contra una de sus compañías, la 10.ª. El enemigo llegó a poner pie en las trincheras españolas, pero la compañía, brillantemente dirigida por su capitán, el mítico Juan José Portolés Dihinx, los frenó primero y los persiguió mientras se retiraban, después. La colaboración de fuerzas vecinas, del mismo batallón, pero también del Batallón de Reserva 250.º y de la 2.ª Compañía de Antitanques Divisionarios, restableció la situación y el enemigo dejó más de 100 bajas sobre el terreno. El 14, el Batallón III/262.º remató la operación con un reconocimiento ofensivo propio, donde se recogió el armamento enemigo, se retiraron bajas, etc. Portolés, que ya estaba en posesión de una Medalla Militar Individual por sus méritos en la Guerra Civil, se hizo acreedor de una segunda.

Antes de que acabara el mes, se procedió al primer relevo de unidades en primera línea. El Batallón I/263.º pasó a retaguardia. En el comparativamente muy tranquilo sector de Federovskoye, se hizo entrar en línea al Grupo de Exploración. Puesto que esta era una unidad ligera, sin su propia compañía de ametralladoras y morteros, una compañía del vecino Batallón II/269.º desplegó a su retaguardia. El Batallón II/262.º que fue la unidad relevada por el Grupo de Exploración, pasó a ocupar las posiciones del Batallón III/262.º, que a su vez quedó en retaguardia para disfrutar de un periodo de descanso. La Tabla n° 5 resume la situación.

Tabla nº 5. ACTIVIDAD OFENSIVA EN LA LÍNEA DE CONTACTO, OCTUBRE DE 1942 (se expresan los días del mes en que se registraron)							
Sector	**Pushkin**		**Slutsk/Pavlovsk**		**Federovskoye**		**Krasny Bor**
Unidades en primera línea (al empezar el mes)	I/263.º	III/263.º	III/269.º	I/269.º	II/262.º	I/262.º	Reserva 250.º	III/262.º
Recono-cimientos ofensivos enemigos	25	1, 21	13, 22	13				7, 11
Golpes de mano enemigos	20							12
Choques de patrullas	1, 2, 27						14	
Reconoci-mientos ofen-sivos propios.	2,15, 21, 27, 31	2, 17, 18, 19, 21, 23, 24, 25	10, 18, 23, 27, 28	10				14
Modificaciones en el despliegue, a finales de octubre de 1942							
Primera línea	II/ 263.º	III/ 263.º	III/ 269.º	I/ 269.º	Expl. 250.º	I/ 262.º	Res. 250.º	II/ 262.º
Reserva	I/263.º		II/269.º		III/262.º, Cía. Esqui. 250.º			

El camino a Krasny Bor

DESERTORES SOVIÉTICOS

En 1941 los alemanes no habían hecho esfuerzos por reclutar voluntarios anticomunistas entre los habitantes de la URSS. Pese a ello, centenares de miles se habían incorporado a las unidades de la *Wehrmacht* como *Hilfswillige* (*Hiwis*, auxiliares voluntarios) haciéndose cargo de todas las labores que no eran de combate en las unidades (cocineros, carreros, etc.) Solo a finales de año 1941 los alemanes habían empezado a organizar unidades de voluntarios con miembros de las nacionalidades no rusas de la URSS, en especial las asiáticas y caucasianas.

El mes de octubre de 1942, la División Azul —en realidad todas las unidades de la *Wehrmacht* que operaban en el Frente del Este— recibió una orden del Alto Mando del Ejército para que los prisioneros de guerra originarios del Cáucaso y Asia Central que pudieran estar sirviendo como *Hiwis* en sus filas fueran puestos a disposición del Alto Mando del Ejército, que pretendía reforzar el número de batallones de las llamadas Legiones Orientales ya existentes.

La mayor parte de estos auxiliares voluntarios se habían presentado como desertores en las filas de la *Wehrmacht* y la División Azul. Los españoles, que en estas deserciones de soldados enemigos veían otra confirmación de la justicia de su causa anticomunista, trataban con afecto a estos hombres, hasta tal punto que la Segunda Sección del Estado Mayor tuvo que emitir una Instrucción General específica sobre ellos, el 11 de octubre, para que se dejara de hacer esto.

En ella se hacía constar que cabía sospechar en realidad que parte de esos desertores fueran agentes infiltrados por el enemigo, que pretendían quedarse en las líneas propias para desde ellas realizar distintas tareas: enlazar con los grupos de partisanos, vigilar a la población civil para informar de sus comportamientos colaboracionistas, facilitar información sobre el despliegue propio, etc.

Para evitar que la simpatía con la que eran recibidos anulara la capacidad de enjuiciamiento objetivo, la Instrucción General exigía que los desertores enemigos fueran entregados al Cuartel General del Cuerpo de Ejército, donde personal especializado estaba en condiciones de interrogarlos debidamente para descubrir, en base a sus declaraciones, cuales eran desertores genuinos y cuales falsos. En la práctica, las unidades españolas de primera línea siguieron con la costumbre de quedarse con los prisioneros y desertores que les resultaban más simpáticos, para usarlos en tareas auxiliares.

24

Noviembre de 1942

El día 6, el Cuartel General español conoció la noticia de que pasaba a depender de nuevo del 18º Ejército de Georg Lindemann, abandonando la subordinación que había tenido con respecto al 11º Ejército de Von Manstein. Todos los mandos españoles comprendieron inmediatamente el significado de aquel hecho: el asalto a Leningrado había sido cancelado.

General Georg Lindemann, jefe del 18º Ejército, gran unidad alemana responsable de mantener el cerco de Leningrado.

En efecto, a finales de octubre el Alto Mando del Ejército alemán había dado orden al 11º Ejército de ponerse a las órdenes del Grupo de Ejércitos «Centro» y, a lo largo de octubre y noviembre de 1942, nueve de las divisiones del 18º Ejército fueron transferidas a otros sectores, lo que dejó a la unidad sin reservas de ningún tipo y virtualmente con todas sus fuerzas desplegadas en primera línea. Como único consuelo, la poderosa artillería de asedio que había traído consigo el 11º Ejército desde Crimea, permaneció en el sector de Leningrado.

Sin embargo, la noticia de la cancelación de la ofensiva resultó poco importante en comparación con otros sucesos que se produjeron el mismo mes. El día 8 de noviembre fuerzas norteamericanas y británicas desembarcaban en Marruecos. La noticia se supo inmediatamente en las líneas de la División Azul, pues su Sección de Información del Estado Mayor escuchaba las principales emisoras extranjeras. El impacto de la noticia fue tremendo, porque tras una debilísima defensa francesa, Marruecos caía en manos norteamericanas y con ello el Protectorado Español en el Norte de ese país magrebí quedaba directamente expuesto a la amenaza militar norteamericana.

Por las mismas fuentes se supo que Rommel había empezado a retroceder desde El Alamein. ¿Qué iba a suceder ahora? Los más pesimistas dieron por hecho que los Aliados invadirían España. Muchos divisionarios se preguntaron si no era hora de regresar a la Patria, que sentían amenazada. El 11, la *Wehrmacht* invadió la llamada Francia No Ocupada, con lo que ahora todos los Pirineos estaban bajo ocupación militar alemana. El Eje y los Aliados parecían próximos a librar su próxima batalla, y quizás fuera sobre suelo español, temían muchos divisionarios.

MOVILIZACIÓN DE RESERVISTAS Y GIRO EN LA POLÍTICA EXTERIOR

El gobierno español decretó una amplia movilización de reservistas. Algunos veteranos repatriados de la División Azul, que habían cumplido ya sus obligaciones militares, se vieron con la sorpresa de ser movilizados de nuevo. Los militares profesionales que habían compartido los prejuicios de Varela contra la División Azul dispusieron ahora de un nuevo argumento para no buscar nuevos voluntarios para la unidad expedicionaria española: no querían desprenderse de ningún soldado, y desde luego no de los más válidos. Por su parte, el general Francisco Gómez-Jordana y Sousa, nuevo Ministro de Asuntos Exteriores, encontró en la nueva situación más argumentos para fomentar su política de estricta neutralidad española, una política que pasaba por repatriar la División Azul y la Escuadrilla Azul.

Mucho menos impacto causó la noticia de que el día 18 de noviembre los soviéticos se habían lanzado al asalto en el Volga y el Don, y la de que pocos días después cercaban al 6º Ejército alemán en Stalingrado. Los voluntarios veteranos recordaban las grandes ofensivas rusas del invierno anterior, que habían puesto en crisis a la *Wehrmacht*, pero que desde luego no la habían derrotado. Se confiaba en que, frente a esta nueva ofensiva soviética de invierno, la *Wehrmacht* volviera a hacer alarde de su bien probada pericia.

El invierno, que estaba entrando de forma suave y gradual, y para el que ahora los combatientes de la *Wehrmacht* estaban muy bien equipados, no sería una prueba tan difícil como el año anterior.

 # Maniobras políticas

La nueva situación política internacional creada con la invasión por los Aliados del Norte de África dio ocasión a intensas maniobras políticas en España y conmovió las bases de las relaciones hispano-alemanas. El Cuartel General de la División Azul, elemento clave en esas relaciones, recibió numerosas visitas. Desde España llegaron dos veteranos de la División Azul y destacados dirigentes falangistas, Fernando Castiella y Álvaro de Laiglesia (quien más tarde se convertiría en periodista y escritor humorístico de gran éxito) para presionar a Muñoz Grandes para que regresara a España. También visitó la División el almirante Canaris, jefe de los servicios militares de inteligencia alemanes y elemento clave en las relaciones hispano-germanas.

Dada la nueva situación internacional, se consideraba que la presencia del fanáticamente anticomunista, marcadamente anglófobo, y carismático Muñoz Grandes sería decisiva a la hora de evitar un deslizamiento de España hacia el campo Aliado. Sus indudables cualidades como líder militar eran ahora más necesarias en España que en Rusia.

Desde meses atrás, un grupo de agentes alemanes de segundo rango y en todo caso no representantes de las instituciones diplomáticas alemanas (dicho de otra manera, unos aventureros con afán de protagonismo) estaban tratando de urdir cambios políticos en España, planes que pasaban por debilitar a Franco y potenciar a Muñoz Grandes. Sus fantasiosos planes planteaban la creación de un triunvirato de militares germanófilos (Muñoz Grandes, Asensio y Yagüe) apoyado por el Secretario General de Falange (Arrese) como nuevo motor del poder en España, eran vistos con el mayor escepticismo por los alemanes y desde luego por el mismo Hitler.

Muñoz Grandes era cada vez más consciente de que quizás debiera por fin abandonar el mando de la División Azul para regresar a España, una idea que por su temperamento de soldado siempre había desechado, por creer que debía cumplir hasta el final la misión que le había sido encomendada.

Y la División Azul estaba ahora mejor fortificada que nunca. En efecto, por temperamento, el general Muñoz Grandes era un mando poco dado a la lucha defensiva y no prestaba nunca demasiado interés a la fortificación. En cambio, el general segundo jefe, Esteban-Infantes, estaba muy interesado en ella. De forma constante y minuciosa recorrió todas las posiciones de primera línea, obligando a sus mandos a perfeccionar sus trincheras, sus búnkeres, etc. Este trabajo le hizo popular entre los soldados. Hasta entonces habían contrapuesto, de manera muy simplista, a un Muñoz Grandes, considerado un oficial campechano que aparecía en cualquier momento en las trincheras, con Esteban-Infantes, al que imaginaban como un burócrata, un oficial de Estado Mayor, que no salía de su gabinete. Darse de bruces con él mientras revisaba con ojo crítico cada trinchera, hizo subir mucho la estima que se le tenía.

A lo largo del mes, el enemigo recuperó la iniciativa en el sector español, lanzando múltiples reconocimientos ofensivos. En el sector de Pushkin, se mantuvo la presión enemiga sobre su segmento occidental, donde se encontraba «El Alcázar», ahora guarnecido por el Batallón II/263.º. En su segmento oriental la presión enemiga fue muy débil, y en todo caso se produjo después de que el batallón que lo ocupaba hubiera sido relevado por el Batallón I/263.º, el día 14. Tampoco fue mucha la actividad en el sector de Slutsk, donde el Batallón II/269.º entró en línea por fin en este frente de Leningrado el día 13. En el sector de Federovskoye, el

Esquiador español en el frente de Leningrado (*Signal*).

segmento ocupado por el Grupo de Exploración apenas vio otra actividad que la normal a lo largo de todo el frente, es decir, intercambio de fuego de ametralladoras y morteros. No pudieron decir lo mismo sus vecinos por el flanco derecho (Batallón I/262.º), que vieron como el enemigo lanzaba contra sus líneas hasta nueve reconocimientos ofensivos (hubo un día con dos ataques de este tipo). El vecino oriental, el Batallón de Reserva 250.º, sufrió otras dos acciones del mismo tipo.

Tanto el Estado Mayor español como el del Cuerpo de Ejército analizaron ese gran incremento de la presión sobre el Batallón I/262.º. En los combates del verano anteriores a la llegada de los españoles, los soviéticos se habían adueñado de Yam Ishora, en la carretera Leningrado-Moscú, pero no habían expulsado a los alemanes de las pequeñas elevaciones al Noroeste de la localidad, donde se habían atrincherado de manera especialmente eficaz, en unas posiciones que ahora ocupaban los españoles. El asedio a que fue sometido el sector durante este mes sugería que el enemigo estaba especialmente empeñado en alejar a los españoles de la carretera, porque deseaba usar esa vía para operaciones posteriores.

Actividad soviética en el sector de la División Azul.
Noviembre de 1942

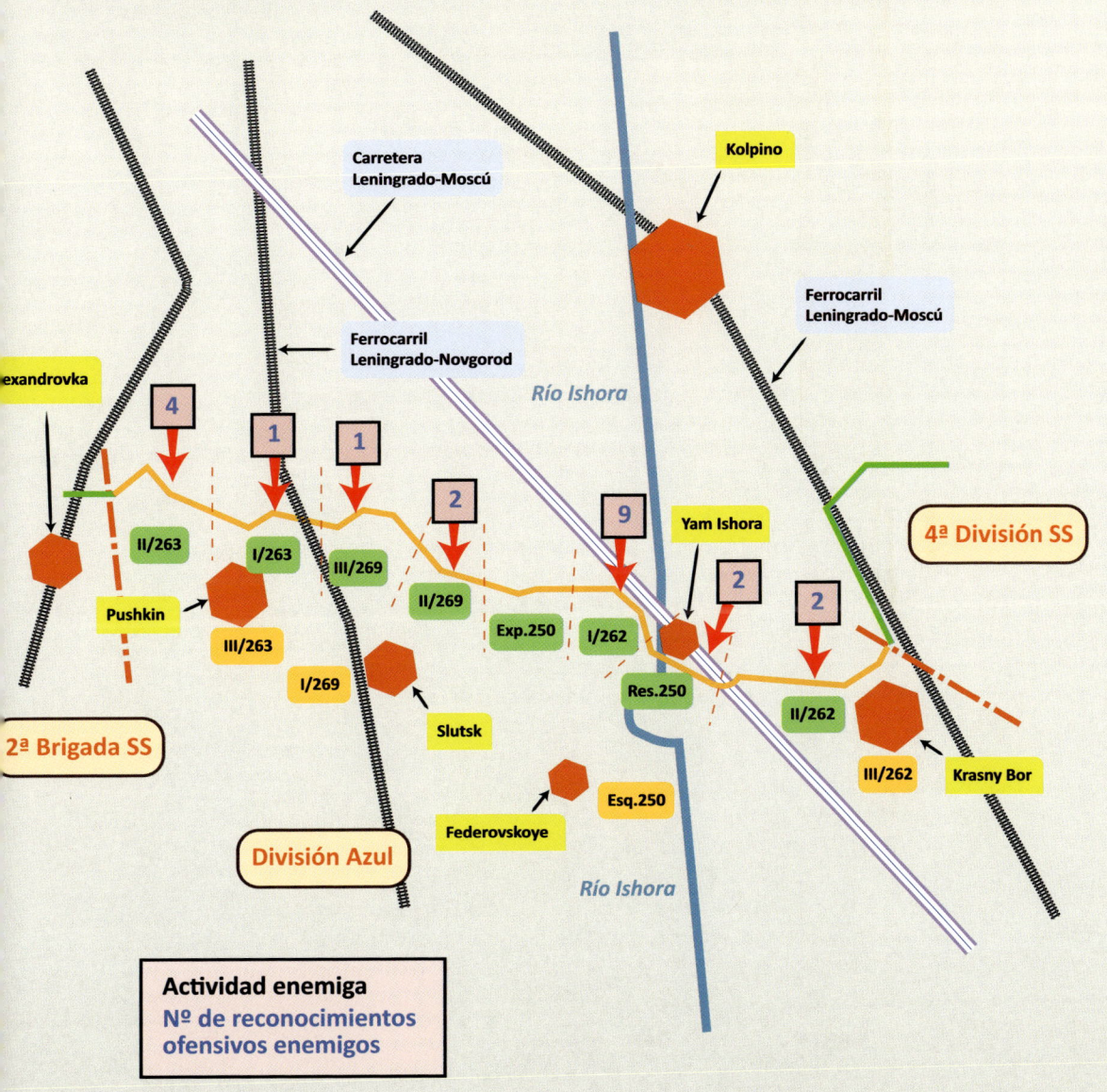

Como respuesta, el mando del Cuerpo de Ejército sugirió a los españoles una acción ofensiva que expulsara a los soviéticos de Yam Ishora. Tras analizar detenidamente la operación, el mando español la desechó. Dos meses antes no hubiera sido difícil. Pero ahora el enemigo se había fortificado a conciencia y, lo que era peor, dadas las tempe-

Divisionario a orillas del Ishora, observando las posiciones rojas.

raturas invernales ya imperantes, resultaría tarea casi imposible construir nuevas defensas españolas con rapidez antes del inevitable contraataque enemigo. Dada la potencia de la artillería soviética, que castigaría inmediatamente la zona, el coste en vidas sería excesivo en relación a la minúscula ventaja táctica obtenida.

Si en los sectores del Batallón I/262.º y el Batallón de Reserva 250.º las líneas españolas y soviéticas estaban especialmente próximas (otro factor que aconsejaba prescindir del ataque, ya que era imposible la sorpresa en la concentración de fuerzas propias), ocurría justamente lo contrario en el segmento vecino al Este, ahora guarnecido por el Batallón II/262.º, donde las líneas enemigas estaban muy separadas de las españolas. La razón era que la zona intermedia era zona pantanosa, por lo que en primavera y verano era muy mala para guarnecer. Con la llegada del invierno, y el endurecimiento del suelo, el enemigo pretendía acercar sus líneas a las españolas. Esa intención provocó dos reconocimientos ofensivos, pero sobre todo una intensa actividad de patrullas enemigas. En un episodio clásico de la lucha de emboscadas entre patrullas nocturnas, el día 10 los españoles colocaron sus propias patrullas en zona enemiga y esperaron a que los soviéticos se acercaran a reconocer sus posiciones. En ese momento se desencadenó un contundente fuego desde las líneas españolas, y cuando los soviéticos se retiraban hacia sus propias líneas cayeron bajo el fuego cruzado de los españoles situados a su retaguardia, por lo que fueron aniquilados. Por lo demás, la unidad antitanque adscrita al sector de Krasny Bor, hasta entonces la 2.ª Compañía del Grupo Antitanque 250º, fue relevada por la 1.ª del mismo Grupo. La Tabla nº 6 nos da una visión global.

Sector	Pushkin		Slutsk/Pavlovsk		Federovskoye		Krasny Bor	
Unidades en primera línea (al empezar el mes)	II/ 263.º	III/ 263.º	III/ 269.º	I/ 269.º	Expl. 250.º	I/ 262.º	Reserva 250.º	II/ 262.º
Reconocimientos ofensivos enemigos	13, 17, 19, 22	23	6	7, 9		1, 5, 6, 7 (dos), 10, 17, 27, 29	18, 30	9, 29
Choques de patrullas			5					10
Reconocimientos ofensivos propios			5					
Modificaciones en el despliegue, a mediados de noviembre de 1942								
Primera línea	II/ 263.º	I/ 263.º	III/ 269.º	II/ 269.º	Expl. 250.º	I/ 262.º	Res. 250.º	II/ 262.º
Reserva	III/ 263.º		I/ 269.º		III/262.º, Cía. Esqui. 250.ª			

Tabla nº 6. ACTIVIDAD OFENSIVA EN LA LÍNEA DE CONTACTO, NOVIEMBRE DE 1942 (se expresan los días del mes en que se registraron)

La artillería de campaña se implicaba a veces también en estos combates de trincheras, tratando de conseguir con su fuego lo que normalmente exigía realizar reconocimientos y golpes de mano, y así evitar bajas propias entre la infantería. Como el enemigo persistía en su afán de acercar sus posiciones a las españolas en Krasny Bor, el día 18 un meticulosamente preparado ataque artillero español cayó sobre las posiciones avanzadas que estaban realizando con ese propósito, destruyendo los búnkeres y trincheras aún en construcción.

En el otro extremo del frente, al día siguiente, las artillerías española y soviética se enzarzaron en un tenaz duelo en torno a «El Alcázar». Los soviéticos pretendieron destruir las fortificaciones de ese punto fuerte español, para facilitar futuras acciones ofensivas. A la inversa, los españoles machacaron con su fuego las líneas de asedio enemigas, para alejar el peligro que se cernía sobre el enclave. Rutinas de la guerra de trincheras…

DUELOS ARTILLEROS

La característica más notable de la lucha en torno a Leningrado era que la artillería tenía una presencia masiva. Por eso la artillería de las divisiones estaba muy reforzada por la presencia de otras unidades artilleras, de la Reserva General del Ejército (*Heerestruppen*), asignadas directamente a los Cuerpos de Ejército.

En el frente del Vóljov los españoles apenas habían visto unidades de este tipo. El XXXVIII Cuerpo de Ejército, del que habían dependido durante muchos meses los españoles, solo

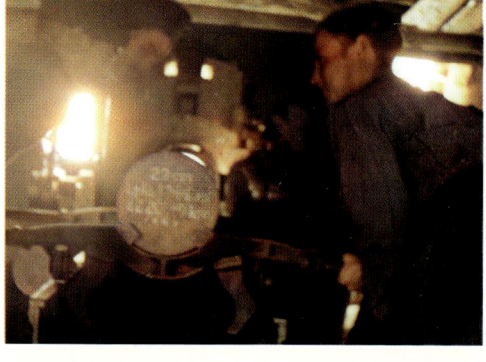

debían haber actuado en el Golfo de Finlandia, pero que allí resultaban superfluas dada la nula actividad de la Armada soviética, por lo que se las envió a reforzar sectores terrestres. Sin ser conscientes de la existencia y actividad de estas unidades artilleras, desplegadas en parte en el sector español, es imposible hacerse una imagen exacta del desarrollo de la lucha.

En noviembre de 1942, el LIV Cuerpo del que dependían los españoles incluía también las divisiones 4.ª SS, 5.ª de Cazadores y 170.ª de Infantería, y se extendía desde Pushkin hasta la ribera meridional del Ladoga.

contaba como unidad artillera propia con el 12.º Grupo de Observación y Localización, y de manera eventual se le agregaron dos grupos de artillería ligera sacados de las divisiones a las que pertenecían.

En el frente de Leningrado la situación era totalmente distinta. La masa de unidades de artillería que allí reunieron los alemanes tenía en muchos casos un doble origen: las unidades de artillería de asedio, enviadas a Leningrado tras la caída de Sebastopol, y unidades de artillería de costa, que

Para reforzar los distintos sectores divisionarios, el LIV Cuerpo tenía desplegados: tres grupos artilleros pesados y dos baterías pesadas independientes; dos baterías sobre montaje ferroviario; y tres grupos y una batería independiente de artillería de costa. Para controlar la acción de la artillería enemiga desplegaba tres grupos de observación y localización. Además, en estos momentos, el Jefe de Artillería del Cuerpo de Ejército (*Artilleriekommandeur 138*) mantenía bajo su control directo dos agrupaciones artilleras que habían sido creadas

DUELOS ARTILLEROS

con vistas a la fase de ruptura en la ofensiva contra Leningrado. Una de ellas estaba prevista para batir a la artillería enemiga en el sector de ruptura, y contaba con tres grupos y una batería independiente pesadas. La otra agrupación, creada para batir a la infantería enemiga en el momento del ataque, contaba con seis grupos de artillería de campaña de diversos calibres y varias baterías de lanzacohetes.

La artillería de campaña divisionaria española se encontraba, sin embargo, en una poco envidiable posición. Para batir sus líneas y su retaguardia, el enemigo no usaba la artillería de campaña de las unidades enemigas desplegadas frente a ella, para no revelar sus posiciones. Quien hacía fuego era la artillería pesada soviética desplegada a tal distancia del frente que no era posible para los españoles batirla en fuego de contrabatería.

La respuesta debía proceder de la artillería pesada alemana. Al principio los españoles se entusiasmaban cada vez que disparaban los grandes calibres alemanes, algunos de ellos espectaculares piezas sobre montaje ferroviario. Pronto disminuyó ese entusiasmo: cada vez que las grandes piezas hacían fuego, el enemigo respondía con un masivo fuego de contrabatería sobre todo el sector, con el ánimo de alcanzar a aquellas grandes piezas alemanas, fuego que –en definitiva– a quien causaba grandes daños era a las tropas desplegadas en primera línea.

La precisión y potencia de fuego de la artillería soviética era tal que la mayor parte

de los emplazamientos en la zona de Leningrado eran semienterrados, e incluso algunas de las piezas tenían que quedar completamente a cubierto, bajo techo, para evitar su localización y que recibieran daños. Especialmente llamativa era la eficacia con la que los soviéticos detectaban los asentamientos propios. Con el afán de despistarlos se usaron tácticas como la de iniciar el fuego de manera estrictamente simultánea con piezas de distintas baterías, lo que anulaba los sistemas de detección por sonido.

Aunque la presión de la artillería enemiga era en Leningrado superior a la que se había experimentado en el Vóljov, en noviembre se registró de nuevo un significativo descenso (ya había disminuido en octubre con respecto a septiembre). Evidentemente los soviéticos eran conscientes de que el peligro de una ofensiva de la *Wehrmacht* sobre Leningrado ya había pasado. El Estado Mayor español llevaba un exhaustivo control de la actividad de la artillería enemiga, como forma para deducir los posibles planes ofensivos enemigos. Sus anotaciones se reflejan en la Tabla nº 7.

Tabla nº 7. ACTIVIDAD ARTILLERA SOVIÉTICA SOBRE LA DIVISIÓN AZUL, OCTUBRE-NOVIEMBRE 1942					
	Disparos por semana	Media de disparos por día	Sector Pushkin (Reg. 263.º)	Sector Slutsk (Reg. 269.º)	Sectores Federovskoye y Krasny Bor (Reg. 262.º)
10-16 Octubre	955	136	501	243	136
17-23 Octubre	1.470	209	651	718	209
24-30 Octubre	1.072	153	481	49	153
31 Oct. – 6 Nov.	764	109	532	227	109
7 -13 Noviembre	603	86	328	263	86
14-20 Noviembre	838	120	497	213	120
21-27 Noviembre	532	76	359	125	76

Al igual que la actividad artillera, las «acciones locales» (reconocimientos ofensivos y golpes de mano) enemigas eran registradas minuciosamente. El Estado Mayor anotó el gran incremento producido de octubre (10) a noviembre (21). El objetivo prioritario del enemigo parecía ser capturar prisioneros, a fin de obtener información sobre el despliegue. El que la actividad artillera enemiga estuviera centrada en un sector (el situado en torno a las vías del ferrocarril Leningrado-Novgorod) y la de golpes de mano en el otro extremo, afectando especialmente a la zona del Ishora, no era una contradicción. En esa área, las líneas que a la sazón ocupaban los batallones I/262.º y Reserva 250.º estaban tan pegadas a las líneas rusas, que un intento de machacar a los españoles con fuego artillero generaría, inevitablemente, grandes bajas propias en las filas soviéticas.

Tropas alemanas en el frente defendido por el Grupo de Ejércitos Norte.

También los españoles obtenían la mayor parte de su información mediante prisioneros y desertores. Desde su llegada al frente de Leningrado la cifra de desertores enemigos que se entregaban a los españoles había subido, y se daba una proporción de cuatro desertores que cruzaban a las líneas propias por cada prisionero capturado. Sin embargo, en noviembre se registró un significativo descenso. Los 53 desertores y prisioneros de octubre se convirtieron en solo 26 en noviembre. La percepción de que la ofensiva alemana sobre Leningrado no se iba a concretar, así como las noticias sobre los éxitos del Ejército Rojo en el Don y el Volga debían estar en la raíz de esta evolución.

Aunque desertores y prisioneros debían ser entregados al Cuerpo de Ejército, el Estado Mayor español no dejó de interrogarlos previamente (contaba para ello con voluntarios rusos anticomunistas, exiliados en España, que se habían unido a la División Azul y actuaban como traductores). Las actas de los interrogatorios realizados a desertores y prisioneros en octubre y noviembre nos dan los perfiles humanos de esos hombres.

Página anterior abajo. Tres divisionarios con armamento diverso a la espera de acontecimientos.

Los de origen étnico ruso eran mayoritarios, aunque a nivel general del Frente del Este los ucranianos y miembros de las nacionalidades del Cáucaso y Asia Central tenían mucho más peso.

Esto se explica por la composición de las unidades desplegadas en Leningrado, donde los rusos eran franca mayoría (Gráfica nº 1).

Origen étnico de desertores y prisioneros

- Rusos
- Ucranianos
- Caucásicos y del Asia Central

Por sus profesiones civiles, los obreros de la industria, trabajadores especializados y mineros, supuestamente los sectores sociales más afines al comunismo, eran la mayoría. Les seguían los trabajadores del sector terciario (personal de servicios –cocineros, zapateros, etc.-; del transporte –chóferes, ferroviarios, etc.-; y técnicos (analistas de laboratorio, auxiliares sanitarios, etc.). Y a corta distancia estaban los campesinos, en principio el grupo social más desafecto al comunismo (Gráfico nº 2).

Ocupación laboral de desertores y prisioneros

- Industria y minería
- Servicios
- Agricultura

Por grupos de edad llamaba la atención el grupo representado por los de 35 o más años. Que su deserción se debiera simplemente al agotamiento por la lucha, propio de su edad, o al hecho de que habiendo sido educados antes de la instauración del comunismo no estuvieran tan influenciados por esa ideología, era difícil de establecer (Gráfico nº 3).

Otro dato altamente elocuente era el rango militar de los desertores y prisioneros. No había ningún oficial, y solo se registraron casos de suboficiales (un 12 %) y de soldados (un 88 %). Aunque no era raro, sino todo lo contrario, que desertores y prisioneros hicieran profesión de fe anticomunista, el análisis de sus declaraciones sugiere que las durísimas condiciones de vida imperantes en las trincheras soviéticas del sector de Leningrado y la draconiana disciplina impuesta a las tropas estaban en el origen de gran parte de las deserciones. A aquellas alturas de la guerra el Ejército Rojo ya se había

Grupos de edad en desertores y prisioneros

- 35 años o más
- 20 a 34 años
- Menos de 20 años

apuntado importantes victorias, pero en el caso de Leningrado todos sus intentos por romper el cerco habían acabado en fracasos, lo que desmoralizaba a los soldados soviéticos de la zona.

En resumen, contrariamente a una imagen muy extendida, los desertores no procedían mayoritariamente de los grupos étnicos no rusos, ni a grupos sociales o de edad «contrarrevolucionarios» (como los mayores de edad o los campesinos), sino que mostraban una variedad de perfiles más amplia. El mito de que todos los rusos-obreros-jóvenes apoyaron unánimemente el esfuerzo de guerra soviético no se ve refrendado por el análisis de los prisioneros y desertores que caían en manos españolas.

En bastantes casos, los desertores eran capaces de proporcionar información muy precisa. Uno de los pasados en noviembre, por ejemplo, no procedía de las unidades de infantería de primera línea enemigas (que aportaban la inmensa mayoría de los desertores y prisioneros), sino de un Regimiento de Artillería de la Guardia, una unidad desplegada muy a retaguardia, directamente a las órdenes del 55º Ejército (que guarnecía el sector frente a los españoles). El desertor informó detalladamente sobre las características de su unidad, que contaba con dos baterías de 203 mm, cuatro de 152 mm y tres de 122 mm.

DICIEMBRE 1942

Desde noviembre los mandos de la División Azul empezaron a dar por descontado que Muñoz Grandes regresaría pronto a España. A muchos, sin embargo, les costaba aceptar la idea. El carismático general había unido su nombre al de la División Azul hasta tal punto que parecía su encarnación. Por eso, cuando el día 13 Muñoz Grandes partió hacia Alemania, el Diario de Operaciones de la División se expresó en estos términos: «Habiéndose ausentado el general D. Agustín Muñoz Grandes, se hace cargo del Mando de esta División el general D. Emilio Esteban-Infantes». Parecía una situación provisional, reversible. Ese mismo día 13, Hitler recibió a Muñoz Grandes en su cuartel general en Rastenburg y en esta su tercera entrevista, le condecoró con las Hojas de Roble para su Cruz de Caballero. El que durante toda la guerra esta condecoración solo fuera otorgada en tres ocasiones a un voluntario extranjero que servía en las filas de las fuerzas armadas alemanas da idea de lo elevado de la distinción.

Días antes, el 2, se había producido otro importante relevo en Berlín: el germanófilo Jose Finat, conde de Mayalde fue sustituido como embajador por Ginés Vidal y Saura, un hombre totalmente afín a las ideas del ministro Gómez-Jordana sobre la necesidad de que España volviera a la neutralidad. La primera petición de Vidal a Hitler fue, precisamente, que relevara del mando de la División Azul a Muñoz Grandes, a lo que este accedió el 3. Como el *Führer* confiaba en que la vuelta a España de Muñoz Grandes fortaleciera la voluntad de su gobierno de resistir a un eventual ataque por parte de los Aliados, accedió.

La llegada a Madrid de Muñoz Grandes se produjo el día 17 y en la estación le esperaba, además de un sinfín de autoridades políticas y militares, una masa enfervorizada, en la que destacaban muchos veteranos de la División Azul. La prensa dio una amplia cobertura al evento. Pero no dijo ni una palabra sobre el hecho de que ahora quedaba al mando Esteban-Infantes. Como toda la prensa estaba controlada, directa o indirectamente, por Falange, el hecho no debe sorprender, pues desde el principio habían visto en Esteban-Infantes a una criatura de Varela, el general más odiado por los falangistas.

El coronel Wilhelm von Knüppel, nuevo jefe de la Plana Mayor de Enlace alemana. Obsérvese en su uniforme, además de la Medalla del Primer Invierno, la Cruz de Hierro de 1ª Clase y la Cruz de Guerra española, la Orden de la Sangre (bolsillo derecho de su guerrera) concedida, como veterano militante del NDSAP, por haber colaborado con el movimiento antes del ascenso al poder en enero de 1933.

Ante el nuevo comandante en jefe español se abría una perspectiva nada halagüeña. Mandaba una fuerza expedicionaria española en el extranjero, a miles de kilómetros de la Patria, algo que siempre le había ilusionado; no en vano había estudiado con detenimiento y pasión todas las campañas españolas en el exterior durante la Edad Contemporánea. Pero la suerte de la guerra parecía ahora muy adversa. El hecho de que en el curso de este mes fracasaran los intentos alemanes para acercarse a Stalingrado y liberar a su cercada guarnición alemana era el peor de los augurios. Pero Esteban-Infantes afrontó el desafío lleno de entusiasmo.

Otro cambio importante en la estructura de mando fue el relevo del comandante Collatz al frente de la Plana Mayor de Enlace alemana. Su sustituto sería un oficial de mucho más rango y competencia, el coronel Knüppel, un excelente oficial de Estado Mayor.

La guerra, mientras tanto, continuaba su rutina. El día 4 se habían registrado fuertes ataques sobre la vecina 4.ª División SS-Policía, que esta pudo repeler. En el sector español la presión enemiga fue menor, y se pudo proceder al ya habitual relevo de unidades: tres batallones entraron en línea a mediados de mes, y otros tantos pasaron a retaguardia, como vemos en la Tabla n° 8.

Tabla n° 8. **ACTIVIDAD OFENSIVA EN LA LÍNEA DE CONTACTO, DICIEMBRE DE 1942** (se expresan los días del mes en que se registraron)							
Sector	**Pushkin**		**Slutsk/Pavlovsk**		**Federovskoye**		**Krasny Bor**	
Unidades en primera línea (al empezar el mes)	II/ 263.º	I/ 263.º	III/ 269.º	II/ 269.º	Expl. 250.º	I/ 262.º	Reserva 250.º	II/ 262.º
Reconocimientos ofensivos enemigos	3, 4, 9, 30 (dos)	8, 9, 23, 24		30, 31	4, 26	4, 8, 9, 22	8, 17	
Choques de patrullas		3		14				
Golpes de mano propios								29
Reconocimientos ofensivos propios		19, 26	5, 30	5, 26				
Modificaciones en el despliegue, a mediados de diciembre de 1942								
Primera línea	III/ 263.º	I/ 263.º	I/ 269.º	II/ 269.º	Expl. 250.º	III/ 262.º	Res. 250.	II/ 262.º
Reserva	II/263.º		III/269.º		I/262.º, Cía. Esqui. 250.ª			

Julio de 1941, comenzando la gran aventura de la campaña de Rusia, el capitán Juan José Portolés Dihinx, a la izquierda, y el capitán Jaime Milans del Bosch Ussía. El primero no volvería a España. Ambos lucen las medallas militares individuales ganadas en la Guerra Civil.

Como venía siendo habitual, el sector de Pushkin fue el que más actividad enemiga registró. Igualmente la presión enemiga en torno a Yam Ishora y la carretera Leningrado-Moscú se mantuvo muy fuerte. Dando muestra de la excelente coordinación existente entre la primera línea y la artillería española, el día 6 ésta aplastó antes de que se lanzara un fuerte golpe de mano enemigo en el sector ocupado entonces por el Batallón I/262.º. Sector que días más tarde pasó a ser ocupado por el veterano Batallón III/262.º. Y a poco de hacerlo, el 20, resultó gravemente herido el capitán Portolés, jefe de la 10ª Compañía, uno de los oficiales más carismáticos de la División Azul, que moriría poco después: la guerra de posiciones se cobraba su tributo.

Desde que asumió el mando, Esteban-Infantes decidió que había que evitar la desmoralización que la rutina de las trincheras produce en los soldados, y para ello ordenó multiplicar las patrullas y los reconocimientos ofensivos, mientras que con meticulosidad preparaba un golpe de mano de gran estilo. El objetivo eran las obras mediante las cuales el enemigo intentaba con tenacidad acercar sus posiciones a Krasny Bor. Durante todo el mes esas obras fueron objeto de atención preferente para la artillería española. Pero Esteban-Infantes decidió acabar con la amenaza de manera más contundente.

El teniente de zapadores Eloy Muro Valencia, caído en el golpe de mano del 29 de diciembre de 1942, recibió a título póstumo la Medalla Militar Individual.

29 DICIEMBRE: UN GOLPE DE MANO PERFECTO

El día 29, tras una breve pero contundente preparación artillera en la que intervinieron baterías de tres grupos artilleros españoles (I, III y IV) y un grupo alemán agregado al Regimiento de Artillería español (el llamado «Abteilung Werner»), los cañones de 150 mm de la Compañía de Cañones de Infantería 13.ª/262.º, y los antitanques de la 1.ª Compañía del Grupo Antitanque 250.º, una fuerza mixta compuesta por elementos de la Compañía 6ª/262.º y del Batallón de Zapadores se lanzó sobre las posiciones enemigas que el enemigo trataba de consolidar frente a la citada compañía de infantería, a las 13'30. Pese a la instantánea respuesta enemiga en forma de fuego artillero, de morteros y cañones antitanque (que inutilizó a los españoles dos morteros, y un cañón de la Compañía 13.ª/262.º), la fuerza atacante asaltó las posiciones soviéticas, aniquiló a sus defensores (casi cincuenta hombres), destruyó completamente tres nidos de armas y doce búnkeres, y se retiró en perfecto orden, volviendo a sus posiciones apenas media hora después (a las 14'05). El resto de las unidades españolas vecinas (las demás compañías del Batallón II/262.º, el Batallón de Reserva 250.º y los antitanques de la Compañía Antitanque Regimental 14.ª/262.º) hicieron entrar en acción todas sus armas para fijar al enemigo y evitar cualquier posible reacción. De la intensidad de la acción da idea que se consumieran por parte española 55.000 proyectiles de fusil y ametralladora, casi 800 granadas de mortero de 50 mm. y casi 300 de mortero de 80 mm., así como más de 400 proyectiles de los cañones antitanque de 37 mm.

En el transcurso del combate murieron cinco españoles y 21 más resultaron heridos. Uno de ellos era el teniente Andrés Eloy Muro Valencia, de zapadores, que ya tenía a sus espaldas muchos notables hechos de armas en Rusia, moriría poco después. El heroico oficial sería premiado a título póstumo con la Medalla Militar Individual. Se reconocía así el papel es-

pecialísimo que en la acción habían tenido los zapadores. De hecho, los zapadores estaban especialmente satisfechos con el papel que la doctrina alemana otorgaba a este cuerpo, cuyas unidades constituían la fuerza de choque por excelencia de sus divisiones de infantería. Algo muy distinto al papel más conservador y tradicional que les otorgaba la doctrina española de la época. Como consecuencia, el Batallón de Zapadores 250.º había desarrollado un fuerte espíritu de cuerpo y una especial agresividad.

Otros aspectos de la vida divisionaria siguieron su rutina: el 5.º Batallón de Repatriación partió rumbo a España el 5, mientras que el 25 llegaba al frente el 18.º Batallón de Marcha. Mucho más importante fue el que el 24, muy puntualmente esta vez, llegara el aguinaldo navideño remitido desde España. Como en 1941, su preparación había sido objeto de una masiva y entusiasta campaña por todo el país, animada fundamentalmente por la Sección Femenina de Falange. Entre quienes lo acompañaban destacaba el antiguo sargento divisionario y famoso falangista Luis Nieto, Delegado Nacional de Excombatientes a la sazón. Como la División Azul desplegaba ahora en un sector mucho más estrecho y mejor comunicado, los lotes de aguinaldo llegaron inmediatamente a los voluntarios españoles, contribuyendo a hacer menor la inevitable nostalgia que provocaba la fecha. El día 31 se produciría otra importante novedad: aprovechando la disponibilidad de electricidad, muchos de los búnkeres de primera línea empezaron a ser dotados con altavoces, que permitían a los ocupantes escuchar música, transmisiones de las radios españolas captadas por el Grupo de Transmisiones, etc. Constituían una eficaz respuesta a la propaganda soviética, que de manera constante actuaba frente a las líneas españolas con altavoces a toda potencia, con mensajes y música en español.

AGUINALDO PARA ESPAÑOLES... Y PARA RUSOS

Los Diarios de Operaciones son inevitablemente lacónicos, austeros, de lectura árida. Pero a veces encontramos en ellos datos conmovedores. En el Diario de Operaciones de la Jefatura de Intendencia de la División Azul, en la entrada correspondiente al 24 de diciembre, podemos leer: «Como donativo, y de los víveres españoles, se reparte por orden de Su Excelencia el General Jefe una ración extraordinaria a los prisioneros y población civil del territorio que ocupa la División».

¿Un hecho excepcional y único? En absoluto. Al llegar al sector de Leningrado, los españoles se sorprendieron con la gran cantidad de civiles que seguían viviendo en las poblaciones de la zona, víctimas inocentes de los intercambios de fuego artillero y otras acciones bélicas. Cuando tomó el mando del sector de Krasny Bor, el teniente coronel Ramón Robles Pazos se reunió con el *starosta* (alcalde) ruso de la ciudad, quien le narró lo

sucedido el invierno anterior, cuando centenares de sus convecinos habían muerto por hambre y enfermedades de ella derivadas. Profundamente conmovido, Robles pidió al *starosta* un listado de los ancianos, niños y mujeres de la población y ordenó que las cocinas de campaña de las unidades que le estaban subordinadas (los dos batallones en línea, más el batallón que permanecía en reserva en segunda línea y las compañías independientes, totalizando unas quince cocinas de campaña) asumieran cada una el alimentar a una parte de estos civiles. El ejemplo se extendió inmediatamente y, en mayor o menor medida, todas las unidades de la División Azul hicieron suya esta práctica. De ahí que, como acabamos de ver, Esteban-Infantes pudiera ordenar dar una ración «extraordinaria» a la población civil: sabía que muchos eran los civiles que ya recibían su ración «ordinaria». En poblaciones de mayor tamaño, como Pushkin o Slutsk, los efectos de esta distribución

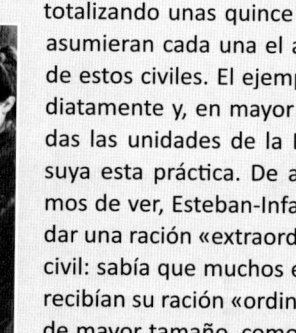

no eran tan visibles como en Krasny Bor, ya que incluso si las cocinas españolas alimentaban a más rusos que en Krasny Bor, el porcentaje sobre el total de población era menor.

Esta realidad, que muchos parecen querer ignorar, revela a la perfección que los voluntarios españoles distinguían muy bien entre un régimen, el comunista, al que deseaban destruir, y un pueblo, el ruso, contra el que no tenían ninguna animosidad.

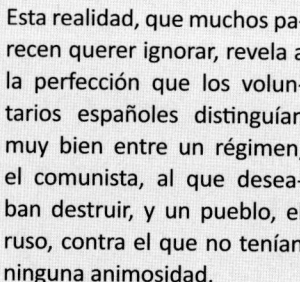

ENERO DE 1943

El mes de diciembre de 1942 había sido, para la División Azul, mucho menos dramático que el de 1941. El invierno era más suave, y el equipo para hacerle frente, mucho mejor, al igual que ocurría con los alojamientos. Había motivos para mirar al invierno con cierto optimismo. La situación en el sector sur del Frente del Este era muy peligrosa, pero eso quedaba muy lejos de las líneas españolas. Y en el norte de África, los Aliados parecían tener bastante con que preocuparse luchando contra los italo-germanos en Túnez, lo que alejaba el peligro de que España fuera atacada por los Aliados.

Krasny Bor, 5 de enero de 1943; el teniente coronel Ramón Robles Pazos, segundo jefe del Regimiento 262° y jefe del sector, charlando con el alférez Enrique Riera Solanas, oficial de la Plana Mayor Regimental del 262 (de espaldas) y el comandante José Alemany Vich, del Estado Mayor divisionario.

Sin embargo, desde que empezó el mes, se multiplicaron los indicios de peligro inminente. El día 1, la División Azul fue alertada de la posibilidad de un ataque enemigo a gran escala contra sus posiciones, por lo que Esteban-Infantes dio orden de que se tomaran incluso medidas para organizar la defensa de la zona de retaguardia donde estaban acantonadas las unidades de servicios (Prokovskaia, Antropschino y Mestelevo). El Servicio de Información del 18.° Ejército era consciente de que el enemigo lanzaría pronto un ataque a gran escala, y los datos sobre el volumen de fuerzas que el enemigo estaba dispuesto a poner en liza eran tan impresionantes que los mandos españoles a los que se les comunicaron los ponían en duda: no creían posible que el enemigo dispusiera de tantas fuerzas.

Como el 18.° Ejército se había quedado sin reservas, por tener que enviar a otros sectores a varias de sus divisiones, el general Lindemann recorrió sus unidades para localizar los mejores batallones de cada una ellas. Deseaba formar una reserva de batallones y baterías de las que poder disponer llegado el caso. Con este fin apareció en las líneas españolas el 4, pidiendo revistar al Batallón II/269.° que

VISITA DEL GENERAL HANSEN, 6 DE ENERO DE 1943

El general Hansen, jefe del LIV Cuerpo, visitó el día de Reyes el sector de Krasny Bor para una ceremonia de imposición de condecoraciones a la que concurrió la Compañía de Propaganda del 18.º Ejército. Entre otras publicaciones, los soldados españoles aparecieron en «Signal», la célebre revista de la *Wehrmacht*, siendo porta-

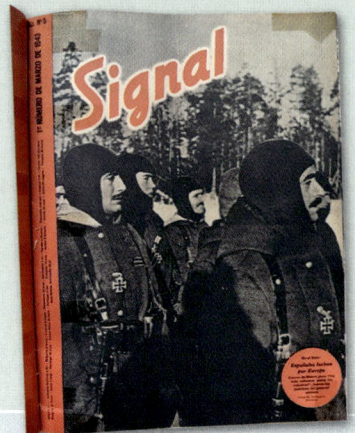

da del primer número de marzo de 1943. Asistieron como invitados Carlos Ruiz García, gobernador y jefe provincial del Movimiento en Madrid, apasionado germanófilo que se había desplazado desde España para visitar a la División Azul, otras cinco jerarquías de Falange y varios acompañantes alemanes. Fueron condecorados 54 bravos volunta-

VISITA DEL GENERAL HANSEN, 6 DE ENERO DE 1943

rios de entre los participantes en el golpe de mano del 29 de diciembre. Esteban-Infantes había propuesto a 81, pero Hansen redujo el número. Se concedieron tres Cruces de Hierro de 1ª Clase y 51 de 2ª Clase, más una Cruz Roja española a Robles Pazos, jefe del sector, tramitándose otras tantas para los participantes en la acción.

en ese momento estaba en primera línea. Se trataba del mítico «Batallón Román», que se había cubierto de gloria en el frente del Vóljov, y por el que los alemanes tenían especial predilección. Ya no lo mandaba el comandante Miguel Román, y bastantes de sus veteranos habían sido repatriados, pero el batallón seguía siendo uno de los mejores, así que al jefe del 18.º Ejército le quedó claro que era ese el batallón con que deseaba contar llegado el caso.

Entusiasmados por el éxito del golpe de mano del día 29 de diciembre, los españoles habían preparado dos más, a ejecutar por el Regimiento 269.º (el 14 de enero) y el 263.º (el 15). El hecho de que poco antes se registrara uno de los rarísimos casos de deserción de un soldado español, del 269.º, aconsejó abortar el del día 14. El del Regimiento 263.º se realizó, con gran brillantez.

OPERACIÓN *ISKRA*: LA RUPTURA DEL CERCO

Tal como temían los alemanes, el día 12 los soviéticos lanzaron una nueva ofensiva, otra vez contra el estrecho pasillo ocupado por los alemanes hasta la ribera meridional del Ladoga, «el Corredor de la Muerte». Como en anteriores ocasiones, se trataba de un doble ataque: desde Leningrado hacia el Este y desde fuera del cerco hacia el Oeste. Lo nuevo fue la escala. Para empezar, el ataque fue precedido por una preparación artillera nunca vista. Y cuando fueron la infantería y los carros de combate los que pasaron al asalto, lo hicieron con unos niveles de efectivos nunca alcanzados. Como a estas alturas el río Neva estaba ya helado, las fuerzas atacantes procedentes del cercado Leningrado tuvieron en esta ocasión un papel decisivo (a diferencia de los combates anteriores en el mismo sector en el verano-otoño, cuando fueron batidas al intentar cruzar el río).

Desde Moscú, el mariscal Zhukov había llegado para supervisar la ofensiva, que se desarrolló con increíble crudeza. Los alemanes empezaron a enviar hacia el sector batallones sacados de las demás divisiones del 18.º Ejército, pero el enemigo logró su primer gran éxito cuando el día 18 una de las divisiones soviéticas que habían partido desde el cercado Leningrado, mandada por el general Simoniak, se encontró con sus camaradas que avanzaban hacia el Este en Posselok-5. Al norte, las tropas alemanas que habían guarnecido la ribera meridional del Ladoga estaban momentáneamente cercadas, así que los alemanes tuvieron que contraatacar enérgicamente en Posselok-5 para abrir un estrecho pasillo de fuga, que pronto fue reconquistado por el enemigo.

En aquella desangelada zona, boscosa y pantanosa, solo existían una serie de pequeños pueblos de colonización, bautizados todos ellos como Posselok, seguidos de un número. Dominaban la zona unas modestas colinas, de apenas 50 metros, los llamados Altos de Sinyavino, por situarse sobre ellos esa localidad. Previsoramente, los alemanes habían fortificado los distintos Posselok y Sinyavino.

El objetivo eran las posiciones enemigas junto al ferrocarril Leningrado-Novgorod, a partir de las que los soviéticos lanzaban constantes acciones ofensivas contra los españoles. Desde tiempo atrás, cada batallón español se había dotado de su propia sección de asalto, unidad de choque especializada en acciones contundentes. En la acción intervinieron las del batallón que acaba de entrar en línea en la zona, y la del batallón que acababa de abandonarla, esto es la del Batallón II/263.º y la del el Batallón I/263.º, junto a una sección del Batallón de Zapadores 250.º. La acción se ejecutó en este caso al amanecer, a las 06'30, y tras una breve pero intensa preparación artillera. De manera fulminante se rebasaron las alambradas y campos de minas enemigos, y en tromba los españoles se precipitaron sobre un enemigo sorprendido, pero al que hubo que derrotar en combate cuerpo a cuerpo. Veinte soviéticos resultaron muertos, se capturó a 10 más y se volaron nueve búnkeres y enemigos y otros nidos de ametralladoras. Las bajas españolas fueron menores, pero no menos dolorosas.

Este golpe de mano no podría ser celebrado como el del 29 de diciembre, porque para entonces los españoles tenían muchas preocupaciones. En efecto, el día 14 los españoles habían recibido dos órdenes importantes. El Batallón II/269.º, que había salido de línea relevado dos días antes, pasaba a estar bajo control directo del 18.º Ejército, para emplearlo donde estimara oportuno (lo que equivalía a decir que iba a ser enviado al «Corredor de la Muerte»), y también una batería española debería ser puesta en situación de ser asignada a la reserva del Ejército.

Sector defendido por el Batallón 102 de la 4.ª División SS *Polizei*, colindante con la División Azul.

No menos importante: los españoles deberían relevar inmediatamente a su vecina oriental, la 4.ª División SS-Policía, a lo largo del ferrocarril Leningrado-Moscú, ya que esta división partía hacia la zona amenazada al Sur del Ladoga (el resto del sector que guarnecía pasó a ser ocupado por la 5.ª División de Cazadores de Montaña). Para colmo, los alemanes alertaron a la División Azul de que era muy posible que el 16 recibieran un ataque a gran escala (lo que finalmente no ocurrió).

El efecto de las órdenes fue preocupante, ya que de golpe la División Azul se quedó virtualmente sin reservas. Habiendo sido repatriado el coronel Ricardo Villalba Rubio y estando a punto de serlo el teniente coronel Robles, los sectores defensivos fueron reorganizados.

El holocausto del II/269.º

Para contener a los soviéticos en los Altos de Sinyavino los alemanes habían sacado de las líneas de cerco a Leningrado a la vecina oriental de la División Azul, la 4.ª División SS., que logró estabilizar las líneas al norte de esas colinas. Los soviéticos optaron entonces, a partir del día 20, por tratar de flanquear los Altos, ordenándose al reconstituido 2º Ejército de Choque del general Romanovsky atacar por el Este, entre Posselok-7 y el bosque de Kruglaya, logrando una penetración local que amenazaba hundir todo el sector. Para contenerla, se ordenó enviar a toda prisa elementos de hasta tres divisiones distintas. Uno de ellos era el Batallón II/269.º.

El 16 de enero el Batallón II/269.º, recién salido de línea, abandonó sus acantonamientos en Slutsk y se ubicó en Sablino, al sur de Krasny Bor, en la línea ferroviaria que conducía a Mga. En la noche del 21 al 22, los 550 hombres del batallón fueron embarcados en camiones y enviados al punto de máximo peligro en esta penetración soviética, donde el coronel alemán que los recibió informó de que el batallón alemán que guarnecía el sector había sido laminado y había que sustituirlo inmediatamente. Así, en plena noche, a 40 grados bajo cero, sin planos, bajo constante machaqueo de la artillería soviética (que causó las primeras bajas), el batallón entró en línea apresuradamente, con un precario contacto con las unidades alemanas vecinas.

En cuanto despuntó el día 22 el batallón español empezó a recibir un masivo fuego artillero enemigo y a hacer frente a ingentes oleadas de infantería soviética. A lo largo de todo el día se asistió a un ejemplo clásico de lo que se ha dado en llamar «furia española»: el Batallón II/269.º rechazó uno tras otro los ataques, causando enormes pérdidas al enemigo al derrochar actos de valor, pero encajando aterradoras pérdidas propias, y no pudiendo evitar el tener que retroceder unos 300 metros. El mando alemán del sector ordenó que al día siguiente se recuperaran los pocos centenares de metros perdidos y, en efecto, el día 23 los españoles pasaban al contraataque junto a otras fuerzas alemanas. De nuevo se multiplicaron los más increíbles episodios de heroísmo. Al final de la jornada solo quedaban en condiciones de combatir 60

El holocausto del II/269.º

hombres del Batallón II/269.º y el mando alemán ordenó su relevo por una unidad germana. Sería un brevísimo reposo, ya que el día 25 los 60 supervivientes españoles volvieron a entrar en línea de fuego, y se mantendrían en ella, en turnos de 24 horas con unidades alemanas, hasta el día 30. El mismo día en que Zhukov daba órdenes a Romanovsky de cesar en sus inútiles ataques.

Gracias al sacrificio del Batallón II/269.º y los batallones alemanes que habían sido lanzados a contener la penetración al sureste de Posselok-7, el éxito de la Operación «Iskra» fue limitado. Ciertamente, al confluir en Posselok-5 las fuerzas del Frente del Vóljov y las del Frente de Leningrado, por vez primera se había abierto un pasillo terrestre hasta Leningrado. Pero el estrecho pasillo en manos soviéticas quedaba bajo el fuego de la artillería alemana dirigida desde los observatorios en los Altos de Sinyavino, con lo que era de escasa por no decir nula utilidad. El asalto frontal (en sentido Norte-

Capitán Salvador Massip Bendicho

Sur) a Sinyavino de las fuerzas que habían confluido en Posselok-5 fracasó cruelmente. Y el intento de Romanovsky de flanquearlo fue otro fracaso. Este ciclo de combates (que los soviéticos llamaron tercera ofensiva de Sinyavino y los alemanes segunda batalla del Ladoga) causó al Ejército Rojo 115.000 bajas, incluyendo 34.000 muertos, por 12.000 muertos y numerosísimos heridos en el bando alemán.

El pesadísimo tributo pagado por el Batallón II/269.º (124 muertos, 211 heridos, 66 congelados y 17 enfermos) fue uno más de los ejemplos de la crudeza de esta lucha. Si dejamos de lado a los efectivos de segundo escalón de las unidades del batallón (cocineros, encargados de la impedimenta, etc.) solo regresaron indemnes 30 hombres y un oficial.

El mando de la División Azul tuvo noticias del tremendo sacrificio del batallón a partir del 23. Las noticias eran tan terribles que en el cuartel general español se llegó a imaginar que los alemanes estaban sacrificando inútil y cruelmente a los españoles, y esta sospecha se mantuvo hasta que los supervivientes testificaron que el suyo no fue un caso aislado, y que todas las unidades alemanas vecinas sufrieron en el mismo grado.

Los increíbles hechos de armas del Batallón II/269.º fueron siendo conocidos en detalle por los españoles, y por estos combates se concedieron dos Medallas Militares Individuales y una Cruz Laureada de San Fernando (esta a título póstumo, al capitán Salvador Massip Bendicho). Sin embargo, habiéndose librado muy lejos del sector español, los mismos mandos divisionarios nunca supieron bien cual había sido su trascendencia. Para empezar, hablaron de la «batalla de Poselok-5», aunque los españoles no combatieron en ese punto. Y nunca captaron la tremenda importancia del combate, que había supuesto el que, en definitiva, se consolidara la posesión de los Altos de Sinyavino y, con ello, la ofensiva soviética se convirtiera en un fracaso estratégico.

El Batallón II/269.º había vuelto a hacer honor a su fama.

En el de Pushkin (Regimiento 263.º), que era el que el enemigo atacaba de forma más pertinaz desde la entrada en línea de los españoles, se mantuvo un batallón en reserva. El mucho más tranquilo sector de Slutsk/Pavlovsk (Regimiento 269.º) se quedó sin reservas, al tener que ceder su Batallón II/269.º al 18º Ejército, y además extendió su límite hacia el Este, asumiendo el control operativo del Grupo de Exploración, también en línea. Pero era en Krasny Bor donde la situación era más compleja, ya que el largo sector entregado a los españoles a lo largo del ferrocarril Leningrado-Moscú obligó a hacer entrar en línea a las fuerzas de reserva, el Batallón I/262.º y la Compañía de Esquiadores.

Puesto que ferrocarril discurría sobre un elevado talud sobre el paisaje circundante, los alemanes lo habían considerado una buena defensa por sí mismo, pero los españoles consideraron que carecía de obras defensivas propiamente dichas, y enviaron rápidamente a sus zapadores para mejorar la posición, especialmente excavando posiciones para las ametralladoras en la base del talud, para mejorar el efecto de rasancia de estas máquinas.

El nuevo despliegue de la infantería obligó a reubicar la artillería española. El II Grupo quedó a caballo de los Regimientos 263.º y 269.º, el III sobre la línea de contacto del 269.º y el 262.º, y el I, en el sector de Krasny Bor, entre la carretera y el ferrocarril Leningrado-Moscú. El IV Grupo, pesado, cubría el sector divisionario en su conjunto.

Otra importante novedad se produjo en la cadena de mando, cuando el 13 el general Hansen, que tenía excelente sintonía con los españoles, fue destinado a otro puesto. El 23, la División Azul pasaba a depender del L Cuerpo de Ejército, ya que el cuartel general del LIV Cuerpo había sido destinado para hacerse cargo de la nueva línea que los alemanes trataban de consolidar en los Altos de Sinyavino. Mandaba el L Cuerpo el general Philipp Kleffel, con una actitud mucho más distante hacia los españoles.

Granaderos alemanes en el frente de Leningrado, esperando a entrar en línea.

50

Comida en el Cuartel General de la División Azul, 6 de enero de 1943. El Gobernador Civil y Jefe Provincial de FET y de las JONS de Madrid, Carlos Ruiz García, luciendo su Medalla Militar Individual y sus seis ángulos de herido, entre los generales alemanes Erik Oskar Hansen Jefe del LIV Cuerpo) y Georg Lindemann (jefe del 18º Ejército).

Por fortuna para los españoles, ese mes había llegado el 19.º Batallón de Marcha, por lo que con sus efectivos se pudo empezar inmediatamente a reconstituir el virtualmente aniquilado Batallón II/269.º. A la vez, se estaba procediendo a agrupar a los efectivos del que sería 9.º Batallón de Repatriación, que se esperaba partiera hacia España en febrero.

Pero los mandos alemanes no estaban tranquilos. Analizando los movimientos del enemigo, habían llegado a la conclusión de que el enemigo iba a seguir lanzando ataques a gran escala en nuevos sectores del frente de Leningrado. Uno de los más expuestos era precisamente el de Krasny Bor, hacia donde el día 30 movieron a dos de los Grupos de Artillería dependientes del L Cuerpo, que entraron en posición entorno a Federovskoye. Los mandos españoles estaban de acuerdo con los alemanes. A lo largo del mes se había mantenido la presión, ya habitual, en el sector de Pushkin. Pero había sido más fuerte aún en la zona de Krasny Bor, donde los soviéticos atacaron repetidamente las posiciones españolas que dominaban la carretera Leningrado-Moscú al norte de Yam Ishora (ahora ocupadas por el Batallón III/262.º), llegando a lanzar el mismo día (el 29) un reconocimiento ofensivo y un potente golpe de mano, y también las líneas a lo largo del ferrocarril que acaba de ocupar el I/262.º. El enemigo parecía decidido a atacar entre esas dos vías de comunicación, como se deduce de los datos que vemos en la Tabla nº 9.

Tabla nº 9. ACTIVIDAD OFENSIVA EN LA LÍNEA DE CONTACTO, ENERO DE 1943
(se expresan los días del mes en que se registraron)

	Pushkin		Slutsk/ Pavlovsk		Federovskoye		Krasny Bor		Ferro-carril
Unidades en primera línea (al empezar el mes)	III/ 263.º	I/ 263.º	I/ 269.º	II/ 269.º	Expl. 250.º	III/ 262.º	Res. 250º	II/ 262º	4.ª División SS
Reorganización de los sectores desde mediados de mes	Pushkin (Tcol. Bolumburu)		Slutsk/Pavlovsk (Coronel Rubio)		Krasny Bor (Coronel Sagrado)				
					Tcol. Araujo		Coronel Sagrado		
Despliegue en primera línea al terminar el mes	III/ 263.º	II/ 263.º	I/ 269.º	III/ 269.º	Expl. 250.º	III/ 262.º	Res. 250.º	II/ 262.º	I/262º y Cía Esq. 250.ª
Reservas	I/263.º		Ninguna				Ninguna		
Golpes de mano propios		15							
Reconocimientos ofensivos enemigos	17	7, 17				17, 26, 29			20, 28 (dos)
Golpes de mano enemigos		20				29			
Operando en la batalla al sur del Ladoga	II/269.º								

El día 5 había llegado hasta las líneas de la División Azul en visita oficial un grupo de jerarquías falangistas, que incluía a veteranos de la División Azul y estaba encabezado por el Gobernador y Jefe Provincial de FET de Madrid, Carlos Ruiz García –persona en la que confluían el ser un activista falangista y mando militar profesional, algo no demasiado frecuente–. Falange seguía volcada en apoyar a la fuerza de voluntarios españoles. José Luis de Arrese, Secretario General de Falange y único líder destacado de ella tras la caída en desgracia de Serrano Suñer, multiplicaría las referencias a ella en sus discursos a lo largo de todo el año 1943, eso sí, enfatizando en su carácter puramente anticomunista y dejando de lado progresivamente las referencias a un «Nuevo Orden Europeo» capitaneado por Alemania.

Actividad soviética en el sector de la División Azul.
Enero de 1943

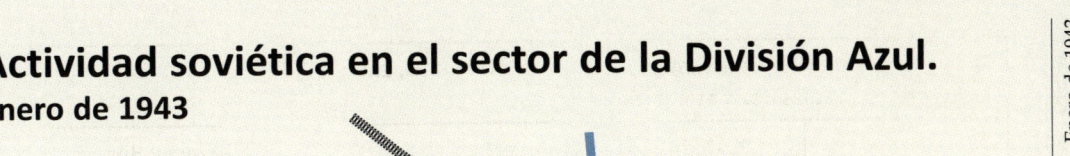

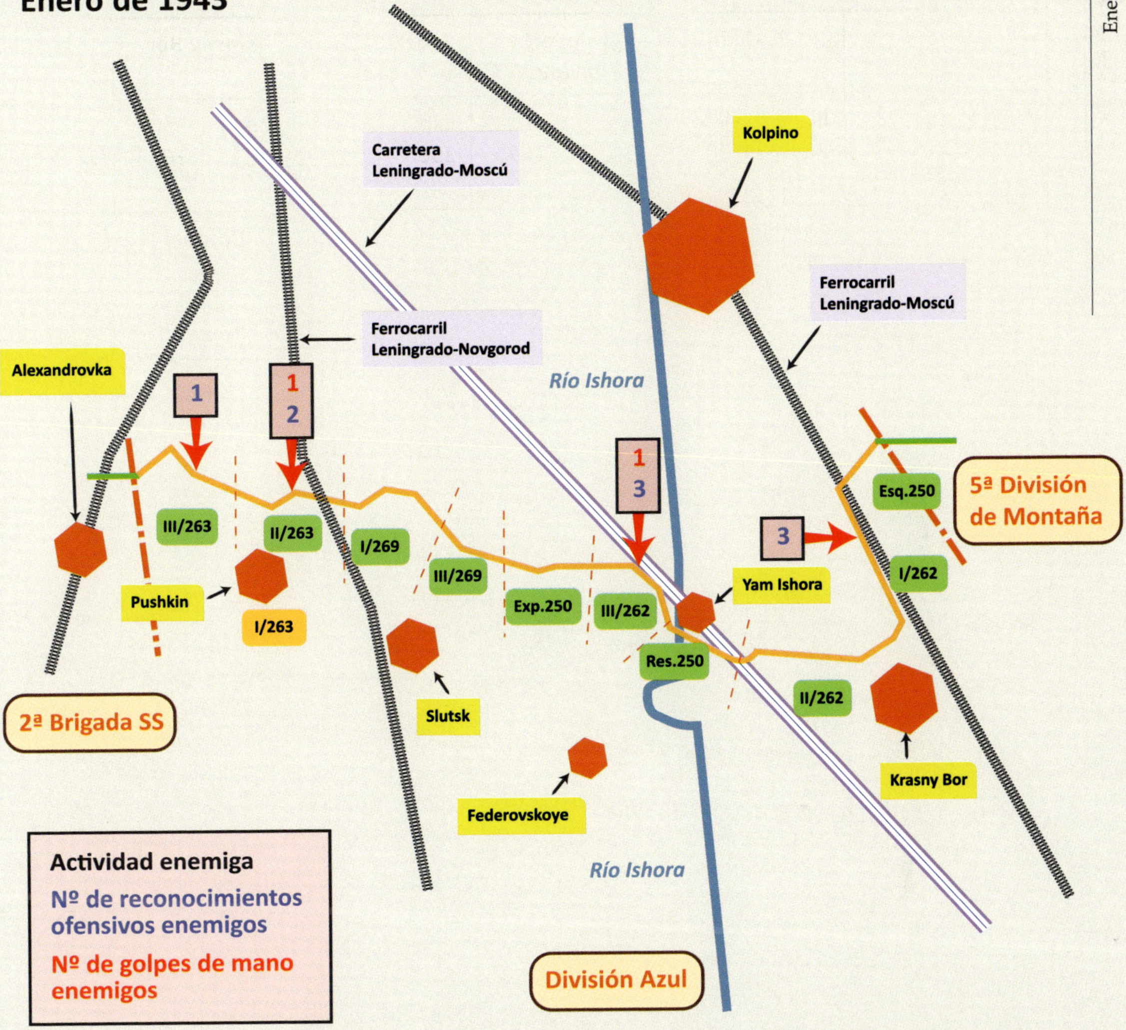

Carretera
Leningrado-Moscú

Kolpino

Ferrocarril
Leningrado-Moscú

Ferrocarril
Leningrado-Novgorod

Río Ishora

Alexandrovka

1

1
2

1
3

Esq.250

5ª División
de Montaña

III/263

II/263

I/269

3

I/262

III/269

Yam Ishora

Pushkin

Exp.250

III/262

I/263

Res.250

Slutsk

II/262

Federovskoye

Krasny Bor

2ª Brigada SS

Actividad enemiga

Nº de reconocimientos
ofensivos enemigos

Nº de golpes de mano
enemigos

Río Ishora

División Azul

El día 13 de enero Arrese inició una visita al III Reich, vivamente desaconsejada por el neutralista Ministro de Exteriores, Gómez-Jordana. Sin embargo, a diferencia de Serrano Suñer, Arrese era un fiel y devoto seguidor de Franco, y no planteó en momento alguno del viaje la posibilidad de que España estrechara ahora sus lazos con el Reich, más allá de la solidaridad anticomunista, que se expresaba precisamente con la División Azul.

La presencia de los Aliados en Marruecos obligó a las fuerzas armadas españolas a tratar de mejorar su arsenal. Obtenerlo de Alemania parecía la mejor opción, y con ese fin y de una manera muy discreta, una comisión militar española llegó a Berlín a principios de este mes.

 # ARRESE, SOBRE LA DIVISIÓN AZUL

«Se equivocan los que creen que la victoria comunista no traería consigo la derrota de Europa (...). Y en esta verdad tremenda, nos tenemos que situar de una manera absoluta y entera (...) y en esta posición extrema nos tenemos que afirmar una y otra vez, hasta grabar en la mente de cada uno de nosotros que todos nuestros actos tienen que ver con el sabor heroico de lo decisivo; que la División Azul, por ejemplo, no es –de ninguna manera– un gesto de galantería hacia una nación amiga, ni menos aún el pago (que no se paga) de una sangre que se derramó en nuestros campos de batalla, sino una decisión rotunda de luchar hasta el final contra el peligro comunista».

Discurso en Sevilla
(10 de febrero de 1943)

«La poesía mueve a los pueblos; y así habéis visto cómo al grito de ¡Franco! se nos entrega ardorosa una juventud que quizá hace unos años hubiera pertenecido sin ilusión ni coraje a los *Boys Scouts*, y marchan hoy a la División Azul con la alegría de los escogidos, a diferencia de aquellos que antes daban dinero para no ir a África.»

Discurso en el aniversario de la liberación de Bilbao (19 de junio de 1943).

«Señor Santiago: (...) Esta juventud ha entendido la vida como tú la predicaste, y desde los primeros escuadristas que dejaron sus ilusiones por las esquinas asfaltadas, hasta los que hoy derriten sus vidas de fuego sobre las nieves de Rusia, ha sabido que lo militar y lo religioso son la manera auténtica de entender a España, y con la oración en los labios han luchado hasta la muerte contra los enemigos de Dios y de la Patria».

Ofrenda a Santiago Apóstol,
Patrón de España
(22 de agosto de 1943)

«Por esa unidad de destino en lo universal ha luchado España a lo largo de su historia y hay medio millón de mártires en nuestros campos y una División Azul en tierras de Rusia. Porque la presencia de la División Azul, camaradas, no tiene otro alcance político que éste. Alguien ha creído que era la ayuda a una nación amiga o una deuda de gratitud que nosotros teníamos la poca elegancia de pagar en carne humana.

La presencia de la División Azul es la continuidad histórica de nuestro pueblo; si en esta guerra no se ventilara la derrota o la victoria del comunismo, habría espacio para pensar en el gesto romántico; pero nos aterra demasiado la idea de que el comunismo pueda salir reforzado de la contienda para que este temor, sin duda compartido por muchos pueblos, no nos embargue por completo y nos obligue a mirar como secundarios los demás problemas que en ella se ventilan».

Discurso pronunciando con motivo del Milenario de Castilla

(Burgos, 8 de septiembre de 1943).

La petición de armamento realizada por los españoles resultó imposible de asumir por los alemanes, que apenas lograban equipar a sus propias fuerzas armadas. Las negociaciones al respecto se prolongarían durante meses y, curiosamente, entre los lotes de armas finalmente entregadas por los germanos el más grande fue el de 150 piezas soviéticas de 122 mm capturadas como botín de guerra. El caso es que, en el curso de esas negociaciones, los alemanes sugirieron que el personal español que fuera a manejar el material que finalmente se suministrase pasara a Francia para ser instruido en su uso y mantenimiento. Su presencia sería camuflada como si se tratara de un contingente perteneciente a la División Azul. Los españoles rechazaron la idea, pero los rumores que rodearon estas propuestas dieron lugar a las más disparatadas especulaciones

Un ejemplar de cañón de campaña soviético de 122 mm. Piezas de este modelo, capturadas como botín de guerra por la *Wehrmacht*, fueron objeto de negociación entre alemanes y españoles en el invierno de 1942/1943.

Aunque la batalla de Stalingrado se señala convencionalmente como el giro decisivo de la guerra en el Frente del Este, la realidad es más compleja. Si la Operación «Urano» (lanzada el 18 de noviembre) permitió al Ejército Rojo cercar al 6.º Ejército en el Volga, y destrozar en sus flancos al 4.º y la mayor parte del 3.º Ejércitos rumanos, no es menos cierto que una operación aún más ambiciosa («Marte»), desencadenada el 25 de noviembre para acabar con el Grupo de Ejércitos «Centro» se saldó con una terrible derrota y fue cancelada al acabar diciembre. El plan de alcanzar Rostov y cercar así a las tropas alemanas en el Cáucaso (Operación «Saturno»)

LA GUERRA DE LOS ESPIAS

La profesión de espía tiene buen cartel literario y cinematográfico. Sin embargo, la realidad es que los espías suelen ser puros mitómanos o individuos sin escrúpulos que facilitan informaciones banales, rumores, cuando no resúmenes de lo que leen en los periódicos, cobrándolas a un precio desorbitado.

Luis Nieto García

En esta época, los británicos tenían en España una densísima y muy cara red de espías, para averiguar todo lo posible sobre la orientación de su política exterior. Uno de ellos, conocido por los ingleses como "Agente T", alegaba ser un importante cargo de Falange y en enero mandó, por ejemplo, un delirante informe, del que se extractan algunos fragmentos:

«Durante su visita a Alemania, Arrese intentó organizar el envío de 300.000 hombres [sic] para la División Azul, o si esto no fuera posible, señaló su voluntad de que los hombres fueran enviados al frente [sic]. Finalmente tuvieron que quedarse con la segunda opción ya que pronto quedó patente la imposibilidad de reunir un gran contingente. Después de las discusiones [de Arrese], la Falange inició una campaña para convencer a los jóvenes de España de forma voluntaria para que acudieran a combatir al frente ruso. Dado que casi no hay voluntarios, la campaña de Falange va transformándose en amenazas, al señalar que quien tiene un cargo deberá alistarse (...) esta estrategia tampoco está dando resultados; nadie se ha alistado... bueno, excepto Luis Nieto, inspector nacional de excombatientes; Agustín Aznar, delegado de salud, y cuatro más. Ante esta situación, Alemania ha insinuado

Agustín Aznar Gener

que las personas de aquí no tendrían que ir a Rusia, sino que actuarían como policías en la Francia ocupada. Algo que permitiría a los alemanes, actualmente en Francia, trasladarse a Rusia (...). Para completar el contingente enviado recientemente a la Blue División soldados del ejército fueron llamados a servir sin su libre consentimiento, es decir, fueron enviados a la fuerza (...). Alemania insiste en que Arrese tiene que cumplir su compromiso y esto se ha visto reflejado en que la Falange ha intensificado la propaganda para el alistamiento»

El supuestamente bien situado espía mezclaba de manera confusa y pobremente expresada una serie de rumores absurdos (el alistamiento forzoso de soldados) a sabiendas, o facilitaba datos falsos (Nieto y Aznar, veteranos de la División Azul, no volvieron a combatir en Rusia); desconocía por completo el significado de los hechos (por ejemplo, el de la propuesta alemana para que se instruyeran en Francia militares españoles); se inventaba todo lo que le daba la gana (como el afán intervencionista de Arrese) y tenía tan corto sentido común como para hablar de un contingente de 300 000 hombres, virtualmente todo el Ejército español de la época. Solo cabe imaginar que mediante tan alarmista informe pretendiera aumentar la tarifa de sus servicios, ya que este perfecto cantamañanas, el «Agente T», era tenido por los ingleses como uno de sus mejores espías en España. Pagando sabrosas cantidades de libras por todo el mundo a sinvergüenzas como este, el gobierno de Inglaterra logró arruinar a su país.

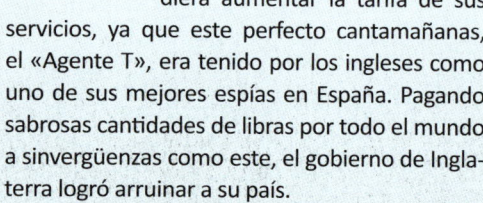

nunca se pudo implementar, porque los alemanes lograron consolidar una nueva línea al Sur de Stalingrado y el cercado 6.º Ejército resistió mucho más allá de lo esperado.

Reaccionando con rapidez, los soviéticos lanzaron de nuevo sus tropas sobre el Don el 16 de diciembre (Operación «Pequeño Saturno») para liquidar lo que quedaba del 3.º Ejército Rumano y a parte del 8.º Ejército italiano, y solo después de esa nueva catástrofe los alemanes dieron orden (el 28) de iniciar el repliegue a sus tropas en el Cáucaso.

La agonía del 6.º Ejército alemán en Stalingrado se alargó hasta el 31 de enero, fecha en que capituló su comandante, el general Paulus. Antes de esa fecha, nuevos ataques en el Don, a partir del 12 de enero, habían arrasado las líneas de lo que quedaba del 8º Ejército italiano y al 2º Ejército húngaro; una ulterior ofensiva en el Don, desde el 24, laminó al 2.º Ejército alemán.

La debacle de Stalingrado, principio del largo final de la *Wehrmacht* en el frente ruso.

Con todos estos datos presentes, no es de sorprender el nerviosismo imperante en los escalones de mando alemanes del Grupo de Ejércitos «Norte». También allí había arraigado la idea (falsa por completo) de que eran los no-alemanes, esto es, los rumanos, italianos y húngaros, los culpables de las desgracias alemanas en el Volga y el Don. El contingente extranjero de mayor envergadura en el Grupo «Norte» era la División Azul española, sobre la que algunos alemanes llegaron a tener dudas, pese al reciente ejemplo de sacrificio protagonizado por el Batallón II/269º.

Puesto de Socorro del Regimiento 269º

Sin reservas, y con
un frente excesivamente extenso

No se narrará en el presente ensayo la batalla de Krasny Bor, que ya he analizado en otros textos anteriores (*Morir en Rusia. La División Azul en la batalla de Krasny Bor,* 2004; y *El cerco de Leningrado. Artillería alemana y española en la batalla de Krasny Bor,* 2014). Lo que he pretendido aquí es hacer comprensible al lector las razones por las que la División Azul desplegó en aquella batalla de la manera en que lo hizo.

El mando superior alemán informó con exactitud que, según sus cálculos, el ataque principal enemigo se realizaría sobre Krasny Bor, y los días previos al 10 de febrero, los españoles pudieron verificar que aquella suposición era cierta. No era posible, sin embargo, extraer del dispositivo español más fuerzas para reforzar la infantería en el sector que iba a ser atacado.

Solo un batallón español, el I/263.º, estaba en segunda línea, descansando a finales de enero de 1943. Encuadrado en el segmento más occidental del despliegue español, se le dio orden de mandar la mitad de sus efectivos a Federovskoye para formar allí una reserva antes de que empezara la batalla. El sector central del dispositivo español fue debilitado al extraer de primera línea al Grupo de Exploración, enviándolo a Krasny Bor. Los dos batallones en línea del Regimiento 269º tenían a sus espaldas al Batallón II/269.º, en proceso de reconstitución tras haber sido virtualmente aniquilado en los combates de los Altos de Sinyavino, y por tanto apenas operativo. En cualquier caso, sus embrionarias compañías fueron puestas en situación de prealerta, para que se desplazaran hacia Krasny Bor en caso de necesidad.

Dos alféreces de la 5.ª/262 disfrutando de los esquíes días antes de la batalla de Krasny Bor, Bartolomé Santandreu Cabrices (izquierda) y José del Castillo Montoto (derecha). El primero resultaría muerto en la batalla y el segundo fue hecho prisionero regresando a España con el *Semíramis* en abril de 1954 (Archivo familia Castillo Montoto).

Lo que hizo el mando español fue reforzar el sector amenazado con las unidades divisionarias.

Todas las unidades del Grupo Antitanque Divisionario 250.º fueron enviadas a Krasny Bor, y sus piezas desplegadas en primera línea o en escalones más retrasados.

El Batallón de Zapadores 250.º desplazó a Krasny Bor todos sus efectivos, y dos de sus compañías se establecieron en posiciones erizo a espaldas de la primera línea, en puntos especialmente sensibles, mientras las otras dos se dedicaban a tareas de fortificación y sembrado de campos de minas antitanque.

La División Azul disponía de dos fuerzas de infantería ligera, el Grupo de Exploración 250.º y la Compañía de Esquiadores 250.º. Ambas fueron sacadas de la primera línea de trincheras, en las que estaban empleadas en enero de 1943, y desplegadas a retaguardia del sector que iba a ser atacado, para ser lanzadas a eventuales contraataques.

El Grupo de Antitanques divisionario desplazó varias piezas al sector de Krasny Bor, el más expuesto de la División Azul (AGMAV).

La Artillería española reforzó todo lo posible el sector. Dos baterías ligeras y una pesada fueron desplegadas en las inmediaciones de la ribera occidental del Ishora, para hacer fuego sobre el sector de Krasny Bor, mientras que al Este del mismo río se desplegaban cuatro baterías ligeras y una pesada.

Por parte alemana, era poco lo que se podía ofrecer. Numerosas fuerzas del Grupo de Ejércitos Norte habían sido trasferidas a los Grupos del Ejércitos Centro y Sur, y después, la ofensiva soviética al sur del Ladoga había acabado con todas las reservas. Lo que si estaba en proceso era un relevo de las unidades que habían sido machacadas en esa ofensiva (el sacrificio del Batallón II/269.º fue idéntico al de muchas fuerzas germanas) por otras fuerzas hasta ese momento desplegadas en sectores más tranquilos. Ese relevo se realizaba usando la línea férrea que por Sablino (al sur de Krasny Bor) iba hacia Mga (al sur de los Altos de Sinyavino). Las fuerzas de infantería que los alemanes acabaron usando para relevar a los españoles en Krasny Bor eran, precisamente, unidades que estaban en Sablino haciendo ese viaje hacia Mga.

Conscientes de que la defensa antitanque española era deficiente, se le envió a la División Azul como refuerzo una pequeña unidad de antitanques de 75 mm, compuesta por personal de la Legión Noruega encuadrada en la 2.ª Brigada SS. Tres pequeñas unidades de cañones *Flak*, antiaéreos, pero de terrible efecto sobre los tanques, que estaban encuadradas en la *Luftwaffe*, fueron también enviadas a reforzar a los españoles, pero solo una estaba presente al empezar la batalla y dos llegaron en el curso de ella.

En el meandro helado del río Ishora, el capitán José Luis Gómez Díez-Miranda y el teniente Ramón Montojo Martínez de Hervas, ambos de la Compañía de Cañones de Infantería 13.ª/262, una de las unidades más castigadas en Krasny Bor. Montojo sobrevivió a la batalla, no así su capitán.

El principal refuerzo alemán asignado a los españoles lo fue en forma de artillería, tema que ya he desarrollado en *El cerco de Leningrado*.

Los casi inexistentes medios acorazados a disposición del 18.º Ejército no pudieron ser empleados hasta el día 11, cuando se verificó efectivamente que el punto de esfuerzo principal enemigo era Krasny Bor, mientras que el ataque simultáneo lanzado desde el frente del Vóljov quedaba empantanado y los ataques –también simultáneos- a lo largo de toda la zona de los Altos de Sinyavino se vio que eran solo operaciones locales de distracción.

Aunque estaban previstos todos los recursos propios posibles, los españoles se vieron sorprendidos por los ingentes medios bélicos puestos en juego por el enemigo. Los alemanes, que ya los habían padecido antes en otros sectores, como los combates al sur del Ladoga, no fueron sorprendidos, pero a la altura del 10 de febrero de 1943 el mando español no había llegado a asimilar lo sucedido con el Batallón II/269.º en esa misma batalla. Se pensó en que aquello era un hecho excepcional, cuando la realidad es que ahora el Ejército Rojo era capaz de lanzar ataques de esa envergadura como procedimiento habitual.

Siguiendo las enseñanzas de ataques anteriores en la zona de Krasny Bor (no por casualidad en ese sector las líneas dibujaban un llamativo bucle hacia el Sur, pues los soviéticos llevaban meses atacando la zona) se supuso por parte hispano-alemana que el enemigo realizaría su esfuerzo principal a lo largo de la carretera Leningrado – Moscú, y el despliegue de los medios españoles y alemanes se basó en esa idea. En efecto, el enemigo atacó enérgicamente por allí, pero fue frenado. En cambio, los españoles y alemanes no alcanzaron a prever que ahora el Ejército Rojo haría también un gran esfuerzo en el sector más oriental, contra el ala derecha del Batallón II/262.º y el Batallón I/262.º, ya que se deseaba avanzar hacia Nikolskoye, para cortar también allí la ruta férrea Sablino-Mga. Como era el sector más débilmente guarnecido, fue ahí donde los soviéticos lograron un avance mayor, aunque a la larga les resultara igual de inútil.

El KV-1 soviético, un enemigo temible para la infantería española.

La indudable victoria defensiva española en Krasny Bor queda realzada tras analizar, como se ha hecho en este ensayo, los meses anteriores. Lo que hemos visto es como la División Azul forzaba hasta el máximo su capacidad de esfuerzo, quedando sus reservas virtualmente a cero, y eso que –como nos ha mostrado el análisis del periodo que va de septiembre de 1942 a enero de 1943– había motivos más que fundados para esperar que el enemigo lanzara algún tipo de ataque sobre el sector del Regimiento 263º, que tanta atención enemiga estaba recibiendo desde que llegaron a él los españoles; o sobre el del Regimiento 269º, que era el más desguarnecido y fácil de perforar.

Se tomó por tanto una decisión arriesgada al fortalecer al máximo el ala oriental, pero fue la decisión correcta.

Lo que los españoles tomaron como un éxito local propio, frenando un intento soviético por copar y destruir a la División Azul, hoy sabemos muy bien que fue el principio del fin de la ambiciosísima «Operación Estrella Polar», cuyo propósito último era, ni más ni menos, que laminar al Grupo de Ejércitos «Norte».

No, en aquel invierno de 1943 no iba a haber una reedición de la catástrofe de Stalingrado en aquellas latitudes septentrionales. Y una buena parte de la responsabilidad al causar al Ejército Rojo tan ominosa derrota le correspondía a unos alegres y morenos soldados llegados desde el Sur, desde el otro extremo de Europa, a los voluntarios de la División Azul, a los que una canción que entonaban a todas horas, «Cara al Sol», parecía convertir en gigantes.

Página siguiente. Un oficial español con atuendo ruso y tres guripas saliendo de un edificio en el sector de Pushkin.

Infantes de la División Azul esperando al enemigo a las puertas de Krasny Bor.

Un divisionario reza ante la tumba de Manuel López Palacios, de la 10ª Cia/263, muerto en Rusia el 26 de enero de 1943.